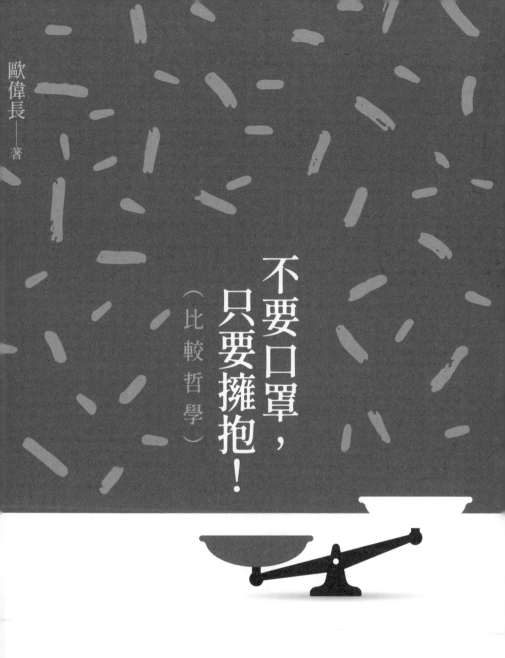

歐偉長——著

不要口罩，
只要擁抱！
（比較哲學）

本書獻給新冠疫症大流行中不幸逝去的人士，願他們安息；亦願世人為此多深刻反省，不要讓他們的死亡了無價值！

目錄

前言 7

第一章　生活多比較 11

第二章　個人基準 31

第三章　公認基準 45

第四章　個人基準與文化（公認）基準的矛盾 63

第五章　基準的組成 78

第六章　反應的差別 103

第七章　時空的影響 145

第八章　合宜基準與超越式基準 164

第九章　合宜比較 191

第十章　比較效應 201

第十一章　結語 216

後記 221

附錄一　符號一覽表 223

附錄二　解釋抑鬱症發病的模式：壓力與抗壓力的關

係 224

前言

　　人每天的生活與需要，總離不開物質性的衣食住行，及非物質性情感與精神（spirit）上的滿足。人既有欲求、希冀，很難滿足於目前，不少人遂花上大量力氣與時間致力於改善或發展現狀，好得著更大的滿足，這都是大家知悉的。

　　但有沒有想過這些追求，乃至生活上一切的決定與行動，是否被某一個機制操控著呢？這機制我們是否明悉理解？它是直接、清晰、易覺察的，還是複雜、多樣性、隱晦不明的呢？它又會否被個人自身、環境等影響而生發差別或變異，難以捉摸？會否像我們的心臟，完全沒覺察它正一分一秒不停地在跳動，卻控制著我們的生命？

　　本書想要指出，我們生活中存在著這樣的一個機制，姑且叫它作「比較機制」，我們自覺或不自覺地受它操控，影響著我們的情緒、工作、生活、以致一生。

　　透過長期觀察、綜合整理，我嘗試在本書闡釋這個機制，並在闡釋之餘，提供一個討論框架，希望藉

著對這機制有更多的了解，可以讓讀者較快速地明白社會上的一些現象、解決生活上的一些疑問，好令生活上減少焦慮、決定上減少錯誤。我不會說它能夠充分解釋社會上與生活上眾多的情況，只願它對提升讀者生活質素上有所裨益，這便是我的初衷與心願！

「比較」這個看似簡單的觀念，無人不曉，平常如上市場、買衣服、上餐館等衣食住行各個方面，你總會看看哪個較便宜、較方便、較合適等而決定購買與否、進行與否，這些決定無不是在比較這前提下進行的，但有沒有想過，很多高深學問、思想體系，歸根究柢亦無不源於比較？

譬如「階級鬥爭」，階級便是憑藉利益、權力、財富等去分野高下的一個比較；鬥爭便是要「鏟平」分野，取消這個比較的行動，比較無從進行下，便人人「平等」，再沒有「剝削」了！又如佛家視世上一切皆虛妄，以虛妄比較虛妄只叫人苦惱，佛家的「去執」、「離相」哲學，便是叫人不可強作比較，因為它全無意義之餘，更令人沉淪於比較的苦海，不能自拔！

所以比較是上至崇高理念、偉大作為，下至我們每天出現的情緒、行為等的起始點。

記得 50 年前我與內子第一次外出旅行，那是從香港跑到廣州去。到廣州定要看看黃花崗七十二烈士陵墓，其時不大了解大陸的公共交通工具，自己也沒有任何資訊，胡亂乘車到了黃花崗的「附近」，下了車便問路人該如何地走？對方指著我們該走的方向，說：「近得很，很快就會到！」[1]怎料我們急行也超過半個小時才能到達，對我們來說一點都不近，絕不快到，我們覺得他的形容大有問題，有被戲弄的感覺！

現在當然知道是大家基準（或叫參照）不同所引致。每個人都有自己的基準，香港地方小，半小時的步行路程，對香港人來說，頗遠了；二是香港公共交通工具較多，這樣的路程，定必乘車，很少會步行半小時之久，而且需要半小時，怎算快到呢！我得承認，他的基準與我倆的基準截然不同，他覺得近，我們覺得遠；他說快到，我們說怎可算快呢？

於我們生活中，這個比較過程雖或顯或隱，卻是無所不在，試想想一天生活中會有多少的比較？我說非常非常非常的多，你大概不會同意吧！

但是，如果我說形容詞絕大部分都是服務於比較，是比較的一個結果，例如：忙碌、頗、嚴重、尚

---

[1] 請注意，「近」與「快」都是形容詞。

好、不少、過多、部分、充實、合適、高/矮、長/短、輕/重、大/小、高/低、香/臭、強/弱、粗/幼、涼/熱、肥/瘦、美/醜、快/慢、好/壞、苦/甜、快樂/悲痛、靈敏/呆滯、明晰/暗晦，較複雜的如高大威猛、美豔動人、才子佳人、口甜舌滑……等等都是的時候，我再問你一天當中談話裡有多少個形容詞呢？這樣，相信你會說比較著實也不少，只是不察覺吧！

　　所以比較實緊扣著我們的情緒、行為，廣泛影響著我們做人做事的眾多層面。正因為它是行動產生的前提，也具不易覺察的基礎性，亦因為許多非物理性定義的比較不容易量化，及很多作比較用的基準顯性不強，引致我們不覺得它的介入而已，實際上它具強大的操控與誘使力量。本書便是在這方面作出一些探討、分析。

第一章　生活多比較

　　我們常聽的一句話：「世界之大，無奇不有。」
大家同意嗎？為甚麼說世界上有許多奇怪的東西？

　　問題在於這句話的「奇」字，「奇」是形容詞，
故是相對的，相對於一個具普遍性的參照而言的。與
這參照比較下，發覺它大幅度地比這參照罕有、突
出、特別、不同，迴異於這參照下我們便定性它為奇
了。極端的，有人甚至稱它為奇跡，叫他為奇人呢！

　　好萊塢有一部電影，[2]故事說一個非洲原始部
落，一天一架小型飛機飛越該部落上空，掉下一個
「可口可樂」汽水瓶，土人從未見過這樣的東西，遂
把這從天而降的汽水瓶視為上帝賜給他們的禮物，對
我們平凡不過的東西，土人則視之為奇異！所以，定
性一件東西，除了針對它自身的性質外，還要考慮它
所處環境所提供的條件與影響。

---

[2] 電影《上帝也瘋狂》，土人發現這汽水瓶十分有用，可吹奏音
樂、砸打東西等，爭著使用的人便多，大家都埋怨上帝太小氣，
為何不賜給他們多幾個？最後有人在爭奪這汽水瓶間把對方的頭
打破，此後這汽水瓶便被視為不祥之物，良善的土人誓要把它丟
離這個世界去。

當然奇的東西實在不多，但如這句話所說，若把視線放於大世界之上，便成為「有」了，還多得很呢！「大」、「奇」與「有」不是比較下衍生的產物嗎？

有人評論一則新聞：比爾蓋茨排隊買漢堡包套餐，一客美金 8 元。他問誰不排隊買漢堡包？為甚麼蓋茨這樣做就成了新聞？他認為緣於蓋茨是巨富。[3] 不錯，蓋茨是世界首富，一般基層人士的基準：「排隊買 8 元的漢堡包套餐」不適用於他，他這樣做便大幅度與適用於有錢人的基準迴異，成為奇了，不上新聞才怪哩！

從前我工作的地方有老外同事，我們的港人同事說到「One thousand year's old egg.」（即皮蛋），想著夾著酸子薑同吃的美味，味蕾便興奮，但當我們請他們也嘗嘗，他們的反應是驚恐、噁心，蛋竟然是黑色，還有強烈「腐敗」氣味！或與他們上酒家嘗粵式點心，我們十分喜愛的鳳爪（即雞腳），他們便覺得很奇怪、反胃，這東西怎可以吃呢？為甚麼對我們覺得好吃的東西，他們如此抗拒？

---

[3] 圓圓，〈說穿了，一錢不值〉，《星島日報》（卑斯版），15/2/2019。

這是由於他們把其慣吃食物的形狀、接受的味道與它作比較，產生強烈陌生感、奇異感，心理上產生荷重，無法接受了。[4]

還記得我的孩童時代，有少數美國好萊塢影片[5]在香港上演，間中銀幕上出現男女主角接吻鏡頭，觀眾會頓時覺得尷尬，因為其時社會風氣不似今天，仍相當的保守，連當眾「拖手仔」也不敢，更遑論接吻！當下有人甚至會說「世風日下」、「國之將亡，必有妖孽」等，抗拒非常。因為與他們的保守觀念相比下，自然便視之為不妥。

本書書名《不要口罩，只要擁抱！》是今次新型冠狀病毒（COVID-19）全球大流行中，西方國家出現的一個我們看來頗「奇怪」的現象。

在亞洲，為減低病毒傳播，人們都自覺戴上口罩，保持適當社交距離。但美國、加拿大與歐洲那裡的人卻相反，特別是疫症流行的首半年[6]，你想強制他們不受感染嗎？他們卻說：「不要口罩，只要擁抱！（Hugs Over Mask.）」反應是我有人權，有選擇不戴口罩、不要距離的自由！大力反對此等的「新冠

---

[4] 當事人若是第一次，發生這情況可說是必然的（參第六章 6.1 中 0→1 的效應）。

[5] 例如：電影《魂斷藍橋》。

[6] 參註腳 52、57。

專制」（Stand Against COVID Tyranny）！更說身
體、健康是我的（My Body My Health），由我話事，
不用你管！有人拍攝到加拿大卑斯省一家禮品店，在
店門貼出告示，禁止進入的顧客戴口罩[7]（圖1），你
會接受他們這種看法嗎？

Mask wearing is prohibited in this establishment.

所以你看來奇怪，未必全世界的人都會覺得奇
怪，反之亦然。奇怪與否則要看看用作比較的參照是
甚麼罷了。

其實，類似的比較，也許沒有這般戲劇性，但總
是經常發生的，如前言所說，甚至是無時無刻地在發
生。大家每天實都活在比較中！同意這論點嗎？

且看看你一天是如何地過罷：

---

[7] 《星島日報》（卑斯版），9/11/2020。

今天你起床，看時鐘。慘，要遲到了！你趕忙漱口洗面，早餐也不吃便衝出家門，好趕乘公車上班。嘩！這麼多人，輪候人群大排長龍，最快要第三輪車載才可上車，心急如焚！回到公司，當然是嚴重遲到。哎喲！桌面上已有人放下了大疊文件要你去處理，沒料到文件這樣多，今天實在超倒楣！跟著要與客人開會討論他的個案，怎料對方卻極難應付，弄到你一籌莫展，大嘆踫上了他真是倒運！好了，好不容易才捱到午飯休息，跑去公司附近的餐館吃個你慣吃的午餐，噢！怎麼一點熱氣也沒有，像是剛從冰箱拿出來似的，倒胃不已。

　　午飯後返回公司，不料看見你桌上放了一杯熱騰騰的咖啡，這時隔鄰平時木訥的同事走過來對你說：「看你今天困倦的樣子，我給你買了杯咖啡。」你頓時覺得人間有情，喜悅有人關心自己，但喝過咖啡後，卻生發一個疑竇：他的關心是否有些甚麼企圖？

　　好了，一個上午已足夠了，不用再多說下去。先說說這一小段文字中有多少個形容詞（或類形容詞）？大概有：趕忙、衝出、趕乘、多人、大排長龍、最快、心急如焚、嚴重遲到、大疊、這樣多、超倒楣、極難應付、一籌莫展、大嘆、倒運、捱到、附近、慣吃、一點熱氣、剛從、倒胃不已、熱騰騰、隔

鄰、平時木訥、困倦、頓時、人間有情、喜悅、關心、疑竇、甚麼企圖等超過三十個了，它們都是與一些基準作比較的結果。

譬如上面所說的多人，怎樣才算多人？10 人算多還是 100 人算多呢？所以一定要給「多」這用作比較的形容詞一個基準，才能有效地說得清楚明白，假定 100 人為基準的話，80、90 人不算多；又假定 10 人為基準的話，12、13 人便算多了。[8]故此，只說形容詞而沒有一個基準，意義不大啊！但這段文字中說多人，則附了一些（準）[9]基準：a. 大排長龍、b. 最快第三輪車載才可上車。有了這些準基準，我們知道今天的情況與平常著實不同，你說是多，我大概明白你說些是甚麼，也可以相信你沒有誇大，這個形容詞「多」在這情況下該算有效了。

再從這段文字短短的一個上午看，能影響你心情的比較也不少，至少出現有七次。沒有比較，出現不了這些正負面的情緒反應；或說這些情緒，都是比較帶出的結果。我們試試分析：

1. 慘：平時你起床一定比今天早，才會驚覺今天不能充分梳洗及舒泰地吃早餐，時間不足下，哪怕加

---

[8] 前者可說是很多香港的情況，而後者可說是很多加拿大的情況。
[9] 嚴格意義來說，不能算為精準的基準，稱之為準基準吧。

倍追趕仍會遲到。這看法從何而來？便是比較你平時梳洗與吃早餐所用的時間：假如 30 分鐘（A），而今天你能有的只是 10 分鐘（A'），A' << A[10] 下，必然是「慘，要遲到了」！

2. 心焦：平時上班乘公車，一般都不用排隊，今天的情況與平日大大不同，想著這情況下必然會嚴重遲到，不知上司會有怎麼樣的面色給自己看，出現擔憂。這心理反應的出現是比較平時的安泰狀況（B）與今天腦海中不斷出現的上司冷面孔（B'），B'比 B 惡劣下得出的（即 B'>B）。不過，這情況卻會因人而異，假若你與上司的關係超佳或是個性超樂觀的話，可能一丁點焦慮也沒有，因為 B=B'。

3. 倒楣：說到文件又多又難處理，都關乎工作量，雖然可量化的程度沒有比上述 1. 那麼明確，但總知道要花比平時更多的精神、時間，今天或需加班至夜深，甚或連上洗手間的時間也闕如，不覺倒楣才怪呢？除非涉及一些其他因素，譬如你是一個工作狂或是沒有家室等，則作別論。

4. 倒運：遇上一個難以應付，令你一籌莫展的客人，帶給你麻煩，當然不是你想要的，碰上了他，算是倒運吧。不過，且慢！這個狀況只是表明今天遇上

---

[10] 數學符號，見附錄一《符號一覽表》。

的與以往不同而已，這只是一個比較，若結論是倒運、嚴重不快的話，則更可能關乎你的態度與價值取向，因為對一個喜歡向難度挑戰的人，他反會興奮，覺得這才具挑戰性，更是一個學習良機，難能可貴啊！不過，一般來說，屬於前者較屬於後者的多得多！[11]

5. 倒胃：你要吃東，他給你西，便是不妥。跟許多南方中國人一樣，你愛熱食，對冰涼的菜餚不大接受，何況吃慣的午餐竟從熱騰騰變為冷冰冰的樣子，怎不倒胃？相反，如果是小孩子或是外國人，你給他熱騰騰的東西，他可能也出現相同反應：抵受不了，因為他也是比較著他慣吃的，明顯地他與你有著不同的基準！

6. 喜悅：出現特殊情況，心中自然會與慣常出現的情況作比較，基於這比較，腦袋會產生情緒上的反應。遇上了這意料之外的關心，與平時有別，又加上與上午一連串挫敗有別，當然是驚喜、窩心。

7. 疑竇：但話說回來，這關心太突然了，特別是來自那不苟言笑的他，也於比較下，常識會告訴你可能這不是故事的全部。特別若你是疑心重的人，多少總覺得有點不尋常，背後有著甚麼的故事？

---

[11] 好逸惡勞乃是人的天性。

日常生活中遇到任何事情，我們總會作出比較，總會出現一些心理反應，問題是自覺還是不自覺吧！

　　這上午的遭遇中，除了 1. 裡 A 與 A' 的比較可以物理地量化外，其他的都不能清晰地量化，存在著一定的模糊與不確定性，正如前面的一系列形容詞一樣，估量時難以客觀精準。缺乏精確嚴謹下，有時真不知道基準所指的是甚麼？最終可能只是一個「自我表述」而已。在這情況下，主觀便輕易成為估量的主導，可能不經意地把事情扭曲，或擴大或縮小、或偏左或偏右，出現失真，假象的發生便無可避免了。加上生活中大部分的比較，在腦海中多只是眨眼間的事，很少能夠賦予充分的理性分析。

　　可以說一般的比較在沒有一個有效基準的轄制、設限下，很多時都是極度主觀、極不理性，衍生的反應、行動也相應地不理性了。

　　所以基準訂定這一環節必須先於任何的比較，有效比較方能進行，這一步驟姑且稱它為「定準」。瞭解定準、比較的性質、功能實有必要，因為它主宰往後一切的發展，是往後發展的前提。

　　日常生活出現的反應與行為，如快樂、羨慕、妒忌、指控、批評、讚賞、歧視、沮喪、興奮、滿意、

憤怒……等，以致一個眼神、一絲微笑，均可以追溯為比較衍生的結果，或說這些都是「比較效應」。

故此，以最簡單形式，「比較機制」可以下列程式表達：

定準→比較→反應→抉擇→行動 ——（1）

究竟甚麼算是比較？

對人來說，把二件東西放在一起，便可出現比較，它們可以是物件、人、事情、時段（從前/現在/將來）等。在比較中我們得要弄清楚：這二件東西可作比較的在於哪一個方面？如此的比較有意義、有效嗎？等等的問題。[12]要具體判定這二件東西在某一方面的質或量時，當然離不開先把其中一方視為基準，二者比較方能進行。

試想像你口袋中有一把尺，是你認定不長也不短的，遇見一件東西時，要斷定它是你心中的長還是短時，只要用這把尺去量它一量，便知道它是你認為的長還是短了，這尺便成為定準你所謂長短的基準。若這尺也為大眾所接受，它便成為大眾定準長短的基準了。

---

[12] 此等問題留待第九章再作詳細討論。

把要量的東西與這把尺放在一起，得出這東西孰長孰短，便是一個有意義的比較，藉此才會引發反應、抉擇和行動。

　　圖2中有三條直線 X、Y、Z：

圖2：Y線是長還是短？

　　比較這三條線，X 線最長，Z 線最短，假設要問 Y 線究竟是長或是短時，則要看看誰是這比較的基準，誰是量尺？若選 X 線為量尺，Y 線是短的；若選 Z 線為量尺，Y 線則是長的。究竟 Y 線是長還是短？是你選擇了甚麼作基準而定，或說你口袋中是一把怎麼樣的量尺，其實 X、Y、Z 都可以成為你口袋中的量尺！

　　再返回你上午的遭遇吧，那裡出現有七次影響你情緒的比較，那麼就請你找出你用以比較的基準，作為一個練習吧，當然直接看註腳[13]的答案也可以。

　　日常涉及各種各樣的比較與圖2簡單的比較，觀念上沒多大分別。複雜的地方只是不同的人對事情有不同解讀與詮釋，故人人定準可以不同，同一時間可以出現眾多不同的量尺，難以統一。你的基準既不同於我的基準，你的是 X 而我的是 Z，X 與 Z 比較下自然出現你不贊同我基準的反應，同時我亦出現不贊同你基準的反應了。

　　所以，一件事情，總有人滿意、有人不滿意；一個意見，總有人贊成、有人反對。大家只要看看社會中的民意調查、諮詢便知道，它們總沒有 100%「是」或 100%「不是」，總夾雜有「是」與「不是」，問題是多少而已，參差乃是常態！故此，意見不同以致出現爭拗、對罵、糾紛亦可視之為常態，如

---

[13] 相應的基準大概是：
　1. 30 分鐘早餐及梳洗；
　2. 乘車一般不用排隊，遲到十分鐘上司會不悅；
　3. 平時工作量絕少多至要加班；
　4. 客人一般容易應付，自己不愛受氣；
　5. 午餐定是熱騰騰的；
　6. 及 7. 這位同事從未關心過我。

前面我們覺得奇怪的「不要口罩，只要擁抱！」的出現，該可理解和預見！

更複雜、麻煩的是有人的量尺伸縮性極高，今天是東，明天是西，出現出爾反爾的情況。請不要覺得稀奇，這些情況在你我身上也會經常發生。你會否發覺我們訂定的基準，也有出現變異的可能？定準後，若我們獲得更多、更新的資料，或對現狀的處境有更好的理解，我們對它的反應可會從滿意轉為不滿意，需作出基準的改動，如此的基準改動更可以持續發生，直至持份者最終滿意為止。

我們一天的生活，離不開一個接一個的抉擇；每天的抉擇，加上切實的執行，串連起來便成為我們的一生，無悔人生就是無數正確「抉擇與行動」串連起來的長長項鏈。

為甚麼比較是抉擇的前提？當你面前有兩件東西、事情，而要二擇其一時，便有比較的需要，比較是探討二者之間，何者能夠為你獲得更具意義、回報更佳、內心更踏實的一個舉措。通過比較，才能讓你作出更明智、更有利、更具意義、更令你滿意的抉擇和行動。

定準了一個基準，把東西、事情與這基準進行比較，情緒上令你生發愉快、不愉快，滿意、不滿意的

反應，從而定斷這東西或這事情是好、不好，是重要、不重要，是有利、有害；這事情該做、不該做，這東西該買、不該買。（程式（1））

不好輕看這過程，試想想，影響你一生的「另一半」不就是通過它「產生」的嗎？婚前哪怕你對象無數，最終還是要選擇其一，所以你總得有一個基準，你是重外貌、內涵，還是像從前的人重生養？有了才可以作比較，才可以有所決定！

還記得香港讀中學，Form 3（即溫哥華的第 9 班）便有文科與理科的分流，升級上 Form 3 時，便要決定讀的是理科還是文科。不少人的基準是興趣，但我的基準是脫貧，因理科畢業較容易找到工作且薪金會略高一點，這基準下，文科雖然是我的愛好，但無奈不能選了，當然這個決定便影響了我的一生！

有了基準，才談得上比較。

相反，沒有基準，無法比較；又是甚麼意思呢？

舉例去說明，前面非洲原始部落出現的「可口可樂」汽水瓶，該部落的土人從未見過，它是唯一的，近似、類似的也闕如，加上是從天而降，當然是沒有基準了；所以，無從進行有意義的比較下，土人便可以無邊界、無限制地去猜度、想像，足夠合理地視它為上帝作為了，無法比較下出現了這個奇怪的論述。

近似的如 UFO[14]，也因為沒有基準，無法比較下便生發不少外星人入侵地球的奇異故事。

　　再舉一個例子。全世界碩果僅存的一枚 1856 年英屬圭亞那發行的郵票，面值一分，洋紅底子，圖案為一條三桅船和一句殖民地式的格言，上有郵局官員簽名，其貌不揚，郵票的四角更被人剪掉（見圖 3）。既是世界的唯一，當然不存在任何有效的基準，所以若問該郵票價值為何？人們便無從訂定，沒有答案了！故此，自 1970 年以高價 28.4 萬美元轉手後，於 1980 年在美國紐約的拍賣會中，便有人願意出價 85 萬美元購下，成為全世界最貴的郵票；[15]2014 年這郵票再在拍賣會中被拍賣，竟達 948 萬美元，再創世界最貴郵票紀錄。[16]沒有基準，無法比較，任何天文數字的買賣價都會有人說是合理！

---

[14] Unidentified flying object，不明飛行物體。
[15] http://www.58ybk.com/youpiaozhishi/129.html
[16] https://www.bbc.com/news/av/world-us-canada-27898739

圖 3：世界上最貴的郵票

　　雖然這些都是極端例子，但現實生活中，近似情況也不是沒有的，女士的名牌手袋及男士的名牌手表等便是，特別是限量版的。若論材料、工藝實與很多非名牌的相差不遠，它們能夠比非名牌賣貴數倍，甚至十數倍，便是它的稀少罕有性質，近似沒有基準的情況，所以在比較相對困難下，較高的訂價便是理所當然，人們亦認為是物有所值了！最新例子更有比特幣，2021 年 2 月 21 日，它狂漲至 58,300 美元[17]一枚。由於其具限量性，比較上便出現困難，將來可能升至你我都想像不到的價位！

　　要知道定準是個人或一群人的行為，故受著持份者的價值觀、立場、喜好、擁有、閱歷、所處時空等

---

[17] https://www.kitco.com/bitcoin-price-charts-usd

等所左右，或說這些都是定準的前設。再者，因著時空、處境的演進與推移，此等條件可能會出現變化，而基準亦要隨之更新、改易，故此持份者本身很多時出現基準上的改動，便不足為奇了。

假設口紅平時賣 100 元一支，合理基準是 100 元，今天大減價，只賣 60 元，可節省 40 元，比較下你沒有理由不買！心中蠢蠢欲動，此刻你的基準便是 60 元；但倘若你記起家中尚有數支新的還未開用的話，你會遲疑，因買下只會存放在化妝桌的抽屜裡而已，根本用不著，這情況下你的合理基準可能變為 30 元；可是突然想起你的好朋友生日將至，需要送她一點小禮物，預算是 100 元左右，頓時覺得這支口紅就是你心中的理想禮品！合理基準便從 30 元晉升至>60 元，決定買了。在極短時間內你的基準便隨環境、你的想法而三度改易（即 60 元→30 元→>60 元）。不過更多時，因由都是非顯性的，不如這例子般清晰明確。

當然有人會對某個領域或某種狀況全無認識或一知半解，涉及這類認識上的空白，合宜、有效的基準便無從訂定，當中每每出現錯誤或「想當然耳」的偏頗成分，像有一句話說：「一個沒有見過白天的人，他是不會知道自己在黑夜裡。」對，「不可以語於

冰」[18]的夏蟲，又怎能想到冰的融點這基準呢？生活中，稍為留意便不難發現這樣的例子，譬如，今次的新型冠狀病毒大流行中，溫哥華一間高溫瑜珈館便不理會政府的緊急狀態令而繼續開業，自詡顧客會絕對安全，因為 40°C 高溫下，病毒無法生存云云，這是一個甚麼的基準？

又，另一個類似例子：韓國首爾京畿道恩典之河教會發生新冠疫症集體感染，牧師、信徒及家屬從 2020 年 3 月 9 日至 3 月 16 日止，共 46 人確診，因 3 月 1 日及 8 日疫情嚴峻期間仍進行崇拜，採用的防禦基準竟是在入口處向與會者嘴巴裡噴灑鹽水，這對防疫一點作用都沒有！防疫官員亦慨嘆：這嚴重的集體感染完全是錯誤認知所造成！

認知不足下，無從進行具意義的比較，引伸的結果便肯定有問題，出現偏差甚或錯謬。也有人把二件「非同構」（或叫不能兼容、不相若）[19]的東西無知地強作比較，例如比較橙應要用橙的基準，但他卻用了蘋果的基準，錯誤地視蘋果與橙為同構。這個非同構蘋果與橙不可比的議題將在第九章有更詳細討論。

---

[18] 《莊子·秋水》：「井蛙不可以語於海者，拘於虛也；夏蟲不可以語於冰者，篤於時也；曲士不可以語於道者，束於教也。」清楚說明基準與認識的關係。

[19] 「同構」乃數學術語。

人人的基準既不相同，甚至出現天壤之別，不同基準比對、比較下，爭拗、衝突的出現便是家常便飯。幸而基準很多時都能透過溝通、妥協或讓步而得以改易，倘若不能的話，便只會是各說各話，最終令人無所適從，不知誰的基準才是說了算！其實，所謂的妥協，乃雙方的基準都願意改動下，透過磨合，基準從二個進駐為一個的過程。你每天與家人、同事、朋友達成的決定，不都是透過這個商議、讓步過程，一人退一步下達成的嗎？

　　生活上，有不少地方、情況，二人間的基準事前並不存在，得要透過商討、讓步、妥協去「製造」。（一個團體／公司的基準，不也是透過會議、談判製造出來的嗎？）譬如外出旅遊，一般都會買一些當地的紀念品作為留念，問題是你對當地毫無認識，它們的合理價格（基準）又如何釐定呢？有人說人家開口要 x，你還價 0.1x，最終應可以 0.2、0.3x 成交。倘若你覺得不好意思、難為情，壓價一半，覺得 0.5x 該算合理還價了，你便大大吃虧，這種大幅度討價還價的議價方式在貧窮落後的地方尤為普遍，我們叫「開天殺價，落地還錢」！

　　這手法有趣的地方在於「開天」與「落地」這四個字上，它的原理是把議價的範圍如天與地般巨幅拉

闊，出現寬鬆的議價空間，雙方任何還價對方均能接受，更能讓雙方都感覺自己在這議價中是獲勝的一方。當然這手法不是低端市場的專利，國際談判亦何嘗不是？這種手法在最講求公平公正的地方也不難發現。[20]

能夠合理還價，關鍵在於能否從對方的說話、反應、身體語言等得知對方的底線，故此議價是一個溝通、妥協的行為，也是一連串鑑貌辨色的比較行為，亦是一連串你我基準交換、角力的「藝術」。

不過，生活上不少量尺與被量對象都是非物理性，無實形/實體、模糊、抽象，無從精準明確描述及定義，甚至它們可以是個人的想像、編造、虛構，於理解與溝通上每每產生困難，難以有效掌握，人文性、政治性或社會性的基準多屬這類！如何定準合適你我所處狀況下的基準，成功去作合宜的比較便是學問，定準錯了，當然便得出錯誤的比較，引發出錯誤的反應、抉擇與行動。

---

[20] 美國上屆總統川普與中國的貿易談判中，多次使用的手法；他極度功利性的商賈思維，令他不斷使用這不公的「開天殺價，落地還錢」手法。

第二章　個人基準

　　對於一個億萬富豪來說，買一只十數萬的名錶當然不算一回事，他完全沒有一般人所需的左思右想，因與他擁有的財富比較，十數萬只是九牛一毛，他自身的擁有便是他用以比較的基準，比較下出現的心理反應：「我何需操心？『小兒科』而已！」至於後者，情況便截然不同了。

　　能力也是如此看待，能幹的人，能力知識的確比許多人都強；有人一天便可完成數千字的文章，但有人連寫一封信也吃力非常，分歧可以很大。但卻有人會覺得前者還是笨拙，後者尚算聰明，可不要奇怪！因為笨拙與聰明[21]是比較下衍生的反應，這結果完全建基於所持的基準上。若你是著作等身的作家，覺得能寫一篇這樣文章的尚不算聰明；若你是文盲，看見能寫幾隻字或幾行字的已看為聰明了。

　　容忍力、忍耐力也是如此，有人這方面的基準甚高，他們多是閱歷較高、年紀較大，見過不少凶險，

---

[21] 又是形容詞！

面前的苦痛、爭執只是小事一樁，反應是見怪不怪；或是年歲歷練下，練就得一套「轉移大法」，[22]情緒便較少受到干擾，這能耐今天有人稱之為「逆境商數（adversity quotient）」，高基準便是高逆境商數，重大事情的發生也會「泰山崩於前而神色不變」，小菜一碟而已。可是，年少的卻動怒了，因這樣的事情在幼嫩的生命裡從未遇上，比較下它太重要了，反應是「大件事」！加上青少年多有衝動性格，便按捺不住了。[23]

　　以上的三個例子，綜合來說是「大學生」與「小學生」的分別，看事物的基準，大學生當然比小學生高不知多少倍，這是顯淺不過的，說明對任何事情，各人的基準有水平、程度上量方面的不同，且它們間差異可以十分巨大，引致的反應亦相應地會差異巨大。

---

[22] 例子：《菜根潭》箴言：「事稍拂逆（不如意），便思不如我的人，則怨尤（怨恨）自消。」稍後的騎驢例子也是，當你覺得不如騎馬者時，看看那推車漢，惆悵便轉變為感恩，轉移成功！

[23] 溫哥華民調公司（Insights West）2020 年 12 月中做了一個民調，探究卑斯省民對新冠疫情引起各種困難的感受，發現越年輕，出現感受愈負面。按年齡分，負面的比例為：18-34 歲 40%，35-54 歲 38%，55 歲以上 26%；這證明了忍耐力、容忍力隨年歲而有所加增。〔《星島日報》（卑斯版），31/12/2020。〕

迥異的價值、觀念、意識形態亦會產生不同的基準，此等基準的不同一般關涉在質的方面上。譬如，對物質的擁有、尋求，有人是建基於「需用」上，有人則建基於「想要」上。前者出來的基準便是不可浪費，不是他沒有能力花費，而是他不想對地球有過分需索及與別人爭競資源，能滿足自己的必需便已足夠；後者生發的基準卻是不斷消費，哪怕能力不足，也得追逐享受、炫耀，甚或攀比，一年 365 天，天天都要穿上不相同的衣飾，還合理化這樣做為「促進經濟」！假若你是後者，每天除花上不少時間去裝扮外，我相信你會是「日光族」，不欠卡（credit card）數，已是萬幸了。

　　人的性格也會引發不同質的基準，假如你是務實型，多用左腦思考，思維理性，具較強的分析與邏輯能耐，思考總建基於證據、數據，定準多顧及客觀現實的情況，[24]定準後不容易更易，思考既慎密，訂出的基準可執行性便高；相反，你是浪漫型，多用右腦思考，思維感性，有較強的人際與直覺能力，思考多

---

[24] 一個現實型的有趣例子：法國名作家貝納爾（Bernard Werber），少年時曾參加一個智力比賽，題目是：「如果法國最大博館羅浮宮發生沖天大火，情況危急，你會先搶救哪一幅名畫？」貝納爾以最佳答案贏得比賽：「我會搶救離出口最近的那一幅！」〔黃庭桄，〈螞蟻〉，《星島日報》（卑斯版），22/11/2019。〕

被主觀意志引領著，定準輕易被感情、人情所綁架，哪怕訂下了一個基準，因著對方的關係，鮮有堅持，以讓步、更易、置換、甚至討對方喜歡為該做的事。

另外有些人性格樂觀，事事看到積極光明的一面，其辦事基準多進取，待人接物基準多坦誠、信任；相反，性格悲觀的，看事情多消極負面，辦事基準便多保守，待人接物基準便多猜疑、退縮。

隨著環境、際遇等的變遷，個人基準當然也會改易，有些人會較輕易，有些人則較困難，不過哪怕像性格這樣牢固的東西，若出現一個巨大壓力或強大誘因，例如一場大病、天災人禍、至親離世、宗教信仰投入等，都會產生偌大的自省力量，對過往絕對認同的東西亦會產生懷疑，出現動搖，引來天翻地覆的變化，吝嗇的人可以變成慷慨的人，熱情的人可以變成冷漠的人等等。

香港很多人都要減肥，基準是模特兒的身裁，但我把這些身形給加拿大人看，他們反而會問這些人是否生病！又如外出吃咖哩吧，聰明的餐館會問你要大辣、中辣還是小辣，因為他們知道人對辣的要求都各不同，要大辣給了小辣或要小辣給了大辣都是不妥，因為同樣是辣，每個人喜好與接受的基準總有差別。對，你我對辣的基準肯定有出入！

另外，中國人嗜食，絕大多數人對食是追求享受，味道便成為了至高的基準；但對我這些少數極端現實型的人而言，食只是為生存，故基準除了吃得飽外，便是營養了，味道則可有可無。不同理念，便生發不同質的基準，所以內子說我全不懂「羅曼蒂克」究竟是甚麼一回事！

　　一句俗諺：「人家騎馬我騎驢，回頭看看推車漢，比上不足比下有餘。」你騎在驢背上，看你如何定準，可出現不同的心理反應。若你以騎馬的為基準，反應是你會惆悵埋怨，驢子太慢了；若你以推車漢為基準，則會感恩愉快，有驢子太棒了。

　　又《菜根譚》箴言：「延促由於一念，寬窄係之寸心。故，機閒者，一日遙於千古；意廣者，斗室寬若兩間。」[25]今天流行說的半杯水滿與半杯水空的比喻，都同樣是指著理念、心態、學養等均影響著基準的訂定。

　　總之，個人基準與個人的取向、價值觀、立場、喜好、性格、閱歷等扯上關係，這些個人特質都是定準的前提，它們既然人人不同，個人基準當然便不存

---

[25] 延促：時間快慢；係同繫；機閒：懂閒適；意廣：胸襟闊；兩間：天與地。（武修文，《菜根譚（下）》，致良出版社，台北，1992。）

有絕對性。或許不少人的基準是相似，但亦可以是人各有異，你我不同，你說肥、我說瘦！

你的量尺長，量出的便是短；你的量尺短，量出的便是長，看你的量尺是長還是短吧！

所以，不同的人，不同的取態，不同的定準前設、前提，基準可以是天南地北！各人遂生發迥異的反應與行為。

人既是一個個體，個人基準便具個人性，它離不開受個人的素質、條件、觀念、價值觀等所左右，它們對定準的影響，於持份者來說，並非經常能充分地意識覺察得到。更由於強烈的個人性關係，當中除每每繫於個人特質外，也包含著個人的盲點、偏見、無知甚或錯謬便不應視之為奇怪，反而視之為常態才更合理，特別在極端浪漫、偏激、以至「未成長」[26]的人士中，更是如此。

說到這裡，也想指出有一些性格柔弱的人，他們總拿不定主見，三心兩意，思慮多又疑心重，老是「既憂千年無米煮、又憂無命等千年」，「船頭驚

---

[26] 今天不少父母、老師、以至政府對孩子事事高度保護，剝奪了他們透過親身探索、學習、觀察、經歷等充分發展為成人的機會，令他們不懂得處理困難，不懂得負責任，不懂得人與人間需要妥協、溝通、付出、忍讓、甚至犧牲。造成自我、自戀，一切只有自己，沒有他人的心態；不少年紀雖長，實尚「未成長」，心態仍停留在幼童階段，心理學上稱之為「巨嬰」（adult child）。

鬼、船尾驚賊」，有煩惱時總是無差別地找人家問意見，不過很多時問十個人，便有十個不同的意見，徒添更多煩惱，對解決問題全無幫助！無法定準，乃柔弱性格使然，哪怕定了準，仍是反反覆覆，基準不斷地修改、變動。不過，話雖如此，你我基準的變動，在每天生活中不也是頻密地發生嗎？

也有些所謂的阿 Q 式人物，他們特有的定準方法叫「精神勝利法」，可化解任何失敗所引起的情緒反應，能把西諺的「吃不到的葡萄是酸的」比下去！你我都覺得不如意、不開心的事情，他都能以此法自尋安慰、自我解嘲，心理上遂非常健康，失眠與他無分，逆境商數超高哩！阿 Q 最後遊街、上刑場，也能想出：「人生天地間，大約本來有時也未免要遊街示眾，有時也未免要殺頭的。」他遊街至刑場，有點恐慌了，但還能說出：「過了二十年又是一個……」[27]，他有的是「天塌下來當被蓋」的超超超級樂天基準。

當然也有與阿 Q 相反的人物，姑且叫他做阿 P 吧。阿 Q 是經常性地產生「勝利」的反應，而阿 P 是經常性地「失敗」，永遠不開心！我有一位阿 P

---

[27] 魯迅，〈阿 Q 正傳〉，《魯迅小說集》，楊澤編，洪範書店，台北，1994，頁 118-19。

式的朋友，他經常買賣股票，但是無論是蝕還是賺，他都是懊惱、不悅。當然我們明白輸了不開心是正常的，但贏了也不開心，就不大明白了！一次我問這位阿 P 為何還是不開心呢？他說：「賣了賺了 20%，但最高點時它曾升達 30%，你看我現在少賺了 10%，我怎能開心呢？」

哎唷！買賣股票，能夠在最高點放出，萬中無一啊！這個不開心，實在令人有點摸不著頭腦！正如「守株待兔」的故事，把那出現機率極低的視之為常態，把它看成為一個具普遍性的基準，怎不成為千古笑柄？

事實上，哪怕是尚算現實型的人士，亦常會編造、自訂一些莫名其妙的基準，它們可以是胡思亂想下的產物，也可以是自以為是的偏見，被自我的愚昧與驕傲騎劫而不自知。

不知你有沒有察覺你的朋友當中，常有人對癌病患者勸吃花生衣、粟子殼這類東西嗎？他們心中的治癌基準，有時真箇難以理解！最可笑的例子，莫過於當時身為美國總統的川普，在新冠病毒疫情期間竟叫國民嘗試喝漂白水，好殺掉體內病毒這個極級基準了，他完全察覺不到自己已跌進非理性的反智坎窞裡。

當然，世界上各式各樣的人都有，有些頭腦保守的，如父權/男權傾向者，便經常把自己的基準粗暴地強加於妻兒身上了。我有一位這樣的朋友，一次議員競選討論中，便大聲疾呼對在場人士說：「我全家共有六人，我可以有六票投給他！」他覺得自己是何等有分量的人士，六票在手呀！因他是丈夫、父親的緣故，他的基準便是他家人的基準！他有權說了算。他僭越了妻兒應有的權利，視他們為他的私產，不知尊重為何物啊！

　　也許，個人基準，說得籠統與難聽一點，也是個人的偏見。

　　再看看圖 2 中所說的 Y 線，若你二人的基準分別是 X 線或 Z 線，問你二人 Y 線是長或短時，你們的答案肯定是相反，若堅持己見的話，爭拗便會產生。相反的答案是雙方基準相異下衍生的產品，這點大家都明白，所以與朋友一起上餐館用膳，你問朋友愛吃甚麼，朋友若說：「無所謂，我甚麼都吃，你點菜吧！」這時你應該知道朋友是在讓步於你、尊重你，他的口味怎會是你的口味呢！他的基準怎會是你的基準呢！在香港餐館中，不少殷勤的朋友愛給對方不停夾「好」菜、勸「好」酒，很多時弄到人家不知

所措、哭笑不得，就是把自己的基準看成為對方的基準！

這情況在夫妻間便經常發生，普通如二人旅行，夫妻喜好不同，太太的旅行基準是購物，丈夫的是參觀名勝古跡，若然大家沒有事前妥協計劃好，大多會乘興而去敗興而返。更簡單的如吃辣的問題，雙方對辣的基準不同下，當然是要讓步於吃不得辣的了，但嗜辣的總覺得有點委屈；不然便只能在買菜與下廚方面多花工夫，菜餚同時要有辣有不辣的，或是多買辛辣醬料，讓嗜辣的配著菜餚獨吃，這可忙多了，情趣也少了。最可怕還是雙方互不尊重，認定自己的基準比對方的強，後果是引來衝突，大家都產生情緒！

複雜的有子女教養問題，夫妻若有不同的子女管教基準，一個要求嚴厲，一個要求寬鬆的話，若各自堅持，子女福祉造就上便極容易出現不斷紛爭，生發爭鬧的比較效應。

不要以為這些都是小事，不斷出現的小事，積累起來便成為大事。不少離婚[28]案例，大部分的解說都是因為性格不合，但說到底該是長期你不尊重我、我

---

[28] 不少地方（特別是西方社會），離婚率高達 50%（即 10 對婚姻，有 5 對離婚收場）。

不尊重你，你不包容我、我不包容你，我的基準永遠高於你的所引致的結果啊！

男跟女很多時如這對夫妻一樣，基準上可以大大不同。男做事多粗線條而女則多細心，閒談中我常聽見丈夫抱怨忍受不了妻子的整潔基準，妻子儼如完美主義者：家中每一件物件都有它的特定位置，不可亂放；碗碟清洗後，[29]定會檢查，有一丁點油漬便要重洗，或給你來一個「示範」。每天都生發著不少的張力。

同理，打工最怕遇到老闆或上司是完美主義者，大事關注，瑣事也逃不過他的法眼，基準奇高，令人咋舌，難以接受。給他批核的報告，哪怕是標點符號，也不容一丁點的手誤，有時修改十次八次，仍不滿意；從來只有批評，沒有讚賞。若你要滿足他超高基準的話，便會產生偌大的壓力，自己的自信也慢慢給他磨滅淨盡，香港人會說：「給他打殘了！」[30]

我亦見過有老師罵學生、醫生罵護士、專家罵他的非專家助手等，也有罵得很兇的，甚麼「從未見過的蠢貨、朽木不可雕、這樣顯淺也不明解、做事雞手

---

[29] 北美少有僱用家務傭工，餐煮多會是夫婦合作，特別是晚餐，一般是妻子負責煮食，丈夫負責餐後清潔。

[30] 不過，若有這樣的上司/老闆，該是你練習「轉移大法」的時候。

鴨腳、返鄉耕田吧」等；當然也有父母罵子女的，甚麼「生只雞蛋（香港人多用叉燒）好過生你、養你嘥（浪費）米飯」等不留情面的說話，也許這些都是氣憤下的不理性行為，但倒要想想是否如前面所描述的，是一個大、小學生的問題呢？

若你是大學生，對方只是小學生，他的認知基準當然不及你的，與你的高基準比較下，當然他是不及格了，跑出來的結果不合你意便是挺合理的事，你有足夠理由因此瘋罵對方嗎？你對一個只有低基準的小學生該有如此的反應嗎？該是一個發洩吧！只是你不覺察而已。對方或許不會駁斥你，但他的委屈、不滿卻藏在他心底深處了。

哪怕去到國家層面，除了獨裁國家外，政治爭拗在民主自由的地方也是常態。價值觀不同下，左的總是覺得右的不妥，右的也總覺得左的不是；不同立場、意識遂主宰了定準的方向，故對同一事情，每每產生相異的反應。所以，像加拿大這樣的地方，因為自由土壤促成了眾多不同見解與意見的出現、表達，故為平衡及防範社會嚴重的分化與不和，國家、社會便極為強調各人都需要互相包容和尊重了。

切記各人的基準既然可以是南轅北轍，正所謂「甲之熊掌，乙之砒霜」！若不存在尊重與包容，便會導致不和與張力的不斷出現。

另外，人既是動物，便不能不服膺於動物的最低生存基準：足夠食物，沒有它，會生病、死去。戰亂饑荒期間，可以從吃飯低降至喝粥，可以從一天二餐低降至一餐，但還需要三四天有一餐粥喝吧，因為再降下去便會面臨生存的極限，飢餓與衰弱會催促、壓迫你。超越這極限基準，歷史中便有不少人吃人的慘劇發生。法庭案例中，我亦知道有法官曾判那個在絕對飢餓下偷吃食物的嫌犯「無罪」，因為持份者正在面對着極限的威逼。這個最低生存基準適用於所有人，具超高的「普遍性」，故此普遍性的基準，參差度相對會較低。

不過，人還是具有意志的動物，超強意志讓他能持守高於一般人的道德基準。道德基準凌駕了生存基準，歷史上便有寧死不屈、視死如歸的故事，選擇採用一般人不會用的手段[31]，基準超乎眾人，出現了極端的「特殊性」。

---

[31] 著名的有伯夷叔齊例子：他們倆是商末遺民，周武王滅商，他們恥食周粟，逐逃至首陽山採野菜而食，終至餓死。孔子高度評價他們：「不降其志，不辱其身。」（論語）再舉一例，宋朝譽為狀元中之狀元的文天祥屢次領軍抗元，惟宋朝氣數已盡，均告失

　　再一次強調，個人基準正如人的臉面一樣，人人可以不同，所以個人的基準譜系（spectrum）實可以十分遼闊，極高機會出現面對同一事情，各人基準有天壤之別，生發不同的反應，出現紛爭，所以處理事物上極極極需包容與尊重，妥協、讓步絕對是積極而不是消極的做法啊！處理上要靈活的同時，溝通上也要敏感一些，留心大家的用語（特別是傾向負面的形容詞），減少跌進錯誤解讀對方的陷阱，產生不必要的誤會！要能達到這地步，實需不少智慧與耐心！

　　說到能夠成功妥協、讓步，能夠求同存異，當然對對方的基準要有某程度的了解，才知道該在甚麼地方作妥協、讓步，很多時便需要明瞭對方基準的組成與面相，才能有機會達成合理的雙贏地步。有關基準的組合與面相在第五章有較詳盡的討論。

敗，多次自殺亦不果。宋亡，忽必烈愛其才，親自勸降，文答曰：「一死之外，無可為者。」死前絕筆曰：「孔曰成仁，孟曰取義，唯有義盡，所以仁至。讀聖賢書，所謂何事？而今以後，庶幾無愧！」（zh.wikipedia.org/wiki/文天祥）

第三章　公認基準

　　既然個人基準可以是南轅北轍，人人不同，亦可以是一時一樣，在生活、人與人交往中便極容易出現溝通上的困難，譬如同一個形容詞，大家心中所指的可能並不一樣；同是一個辣字，你的辣不等如我的辣！不良溝通或無法溝通下不能達成共識，便會出現混亂、爭拗、衝突。所以雖然每個人可以有自己的基準，但在一個群體中，無論是家庭、機構、公共場所，以至整個社會、國家都必須有一些公認的基準，成為大家的一個依據，自願或不自願下共同遵守，生活、交往才能較暢順，糾紛才可減少。

　　所以一個進步社會，除了如前一章所說，極需強調包容與尊重外，政府以至一些專業機構的定準角色便重要了，通過諮詢、研究、討論、審核，訂定一套大家都可以接受的，可共同遵守的規則、標準、程序、方法等，謂之「公認基準」，目的是維護社會和諧與秩序。

　　它其實是把一譜系各人都不同的個人基準，簡化為大家都能接受並能代表這群人的一個以至數個的級別，以致大家都能容易遵守及操作。

　　一個類比，農場分辨雞蛋大小的分蛋裝置便是，它是一個大小設定好的圓形洞口，能通過它的雞蛋便是小，不能通過它的便是大，一譜系中大小不一的雞蛋與這洞口比較下便只出現大、小二級而已。[32]加拿大一般超市的雞蛋分有中、大及特大等級別，便是政府定規下來的公認基準，在加拿大跑到哪裡，都沒有分別，小的便是小，大的便是大，再不需要個人的評估，毋用爭拗。

　　公認基準具普遍性，集體適用，絕對性較高，較明晰、單一，不似差異極高的個人基準那麼容易產生爭執，譬如度量衡便是一個公認的基準，一斤便是一斤，沒有一斤而說成一斤便是欺騙。我還記得兒時街市買菜，很多人菜籃中都備有一把秤，作為被欺騙時爭辯的需用品，因為當時菜販的秤與公認的秤大不相同，你看基準稍有漏洞也帶給你不少麻煩啊！

　　法律也是公認基準，大家都要遵守，乃每個人應盡的責任，成為應有之義，殺人便要被判死刑或終身監禁。不過話雖如此，因茲事體大，總要自備一把

---

[32] 今天科技發達，相信很多農場已取用先進的雷射測度方法了。

秤：找個律師，保護自己，為爭辯其公平合理性所備用，因為基準的詮釋，仍然是人，[33]不像分蛋器般的簡單及高度機械化，條文的解釋除涉及認知外，多多少少總受著人的取向、性格、價值觀、信仰、立場等非顯性因素影響著。

總的來說，法律、標準、明文的規則/規範（本地或國際）、習俗、以至所謂的潛規則等都是較清晰明確的（至少表面上），普遍適用於一般人，具維護社會秩序的功能。既是大眾認可的，便願意共同遵守，較難能任意說你對我錯，或說我是好他是不妥，誰對誰錯，與這些基準作比較便清楚明白。對錯與否有了一個較客觀的準則，相對便較少爭拗了，社會和諧便能持守。

一個細小的地方，譬如一條村落、一間公司、一間教會、一所學校、以至一個家庭，也可有其成員公認的基準，大家認同下，這基準便是理所當然，很少再會有人深究其背後的原委、動機、針對對象等的生成依據。

舉例，一間教會的衣著指引（dress code）：「出席敬拜時要穿著得合宜，有聖徒體統。不宜穿著

---

[33] 有人說：「條文是死的，人是活的。」法律這個客觀精密的基準，也逃不過人的解讀與詮釋。

太暴露衣服，特別在炎熱夏天，對任何人不會構成試探的機會。姊妹間也應用愛心智慧彼此提醒，信徒衣著較保守，一定比較合宜，也合上帝心意。」有了如此基準，女士們若穿上今天時尚的火辣短裙出席崇拜，絕對是「人人得以誅之」，很難說我沒有錯！哪怕當天氣溫是超記錄的 42°C，[34] 亦沒有人質疑這基準是否在冬天時訂定的呢？

這個衣著基準是何人訂定？該是教會管理層吧！因為是它才有權力這樣做，的確很多事情都依附著權力，基準何嘗不是？說到權力，除了職位職級所賦予之外，還有一種所謂「軟性」權力（influential power），我們集體主義的民族對它應該不會陌生吧！

例如，地位本應不相伯仲如兄弟姊妹、同學、朋友中，我們也不難找到兄弟姊妹中的老大、同學中的學長、朋友中的長者，他們認為的基準，總有較大機會成為其群體的公認基準，出現如此的權力，是集體主義下社會階梯定性所使然。[35]

---

[34] 這關涉著朋輩壓力，在第六章 6.3 中會有所討論。

[35] 這可追溯至中國舊有群體社會的「五倫」，它把人的關係分為君臣、父子、兄弟、夫婦、朋友，人與人間的權力層階界定為上下兩個從屬關係。譬如「三綱」中說明：君為臣綱、父為子綱、夫為妻綱，「綱」乃事物的主體，即臣、子、妻分別從屬於君、父、夫，這個階梯架構下，上方可管轄下方，下方須服從上方。

另外，社會的知名人士，如著名影星、歌星、球星等等，他們好惡的基準便常常被很多人視為典範，他們穿著甚麼、做些甚麼，「粉絲」[36]們也會仿效、跟隨，這也是軟性權力。所以很多廣告常找知名人士為其代言人，讓粉絲以為他們也用這些產品，「名人效應」下，這些產品遂暢銷，亦成為社會上的一個基準。

　　權力常常策動、操控著基準的設立。政府之能夠立法，基準之成為法律，乃因為政府有這樣的權力。不過，雖然立法是政府責任，但政府一般都會較保守，今天不少「前衛」基準的建立，倒是透過大規模的民眾請願、示威向政府施壓下達成的；民主政府為爭取選票，便需順從民意，[37]如加拿大的同性婚姻、大麻合法化、弱勢群體權益等的立法都是。

　　權力於公認基準的訂定既然重要，擁有這權力的訂定者如有關的立法官員、專家顧問等的素質、立場、理念及其意識形態等便十分重要。某程度上，這些都是公認基準的前設啊！

今天這種觀念，仍然或顯或隱地存在著！不是也時常聽見女士結婚要「嫁雞隨雞，嫁狗隨狗」嗎？又或在組織裡有對上級領導要絕對忠誠的要求等等。
[36] 香港潮語，指追隨者、崇拜者。
[37] 民意便是一種軟性權力。

　　在公認基準中，特別關涉人文、信仰、社會性的，若長時間下仍能被人們擁戴、存留而不被取替，其覆蓋面又寬廣的話，便形成某時段或某地域的一個文化。約定俗成、潛移默化下，若有人不遵守這些基準，其他人便會視之為不妥、不合體統，為大眾所鄙視、排斥，這樣的集體性基準姑且稱之為「文化基準」吧。

　　像從前交通不發達，民眾交往困難下，幅員細小的地域裡出現不同文化基準亦頗普遍，從前我們有一句說話：「十里不同俗，百里不同風。」便是這情況的描述。哪怕到了今天，不少偏遠地方，也保有迥異的文化基準便是相同的情況。

　　所以，不同民族、地域出現完全不同的文化基準便不足為奇了，像日本這個民族可說是追求完美的佼佼者，便與我們不少的「差不多」先生大相逕庭。有人在日本成田機場的行李取回處領取行李，驚覺輸送帶上的行李都是同一方向「手把向上、輪子向下」地放置，好方便旅客取回，[38]這細心嚴謹的基準恐怕全世界也沒有。

---

38 鍾健禮，〈質素與效率〉，《星島周刊》，1312 期，頁 63，11/1/2020。

亦聽過這樣的故事，不知真假：一個中國人跑去日本一家餐館做餐具清潔工作，日本僱主要求餐具清洗七次才算乾淨，那中國人覺得沒此必要，他覺得三次與七次實沒有分別，於是只清潔三次便算了，結果那人立時被解僱，並且全行再沒有人敢僱用他！的確，若是真的話，他們定準之高，實令世界上很多人汗顏！以香港人的基準說來，日本人可算是完美主義者，跟他們工作，承受的壓力不大才怪！

　　審美這文化基準也頗有趣，很多地方以皮膚白為美，中國與日本便是，有「一白遮三醜」之說，「白」是文化基準，皮膚塗白粉便是這基準下的比較效應；但在北歐，太白反為不美，是身體虛弱的表現，皮膚曬得古銅色才好，說是健康美。

　　又，中國人以櫻桃小嘴為美，但非洲某些部族卻以大嘴為妙，在「大」這基準要求下，女子便把自己的嘴唇穿孔，再塞進圓形木餅，好長期撐開它，令到下唇肥大反出，從前北美第一民族（即印弟安人）的女子也有類似的審美觀哩；對我來說，只是恐怖，因我也是服膺於「小」的文化基準。

　　再說，中國自宋朝開始，崇尚以小腳為美，把腳纏成「三寸金蓮」，以此為傲，三寸金蓮成了基準，所以女子從小便竭力把腳包纏以限制發育，達至這基

準所有的痛苦都是值得的。又西方以女人有大胸脯為美，愈大則愈美，甚至到了我認為的不成比例，他們卻不以為然，這基準下，造就了隆胸生意無比的發達，哪怕植入物會有致癌風險！也是不同基準下產生的不同效應。

一個有關時間基準的例子。忙碌香港人的單簡工作如影印小量文件，每每要求於若干分鐘內完成，分鐘為計算單位；約會時間，則多以五分鐘為單位。但在溫哥華，同是單簡的工作，要求可能是以每十分鐘計；而約會，則多以每十五分鐘計，即二時十五分、或三十分見，計算單位是香港的倍數。在香港遲一分鐘完成，或遲五分鐘到達，都是不合格，算遲交或遲到；在溫哥華，遲十分鐘完成或遲半小時出現，都沒問題！

兩地的基準大不相同！哪個是好？哪個是對？那個更合理？

一個基準之能夠成為基準，而人們又能忠誠地服膺於它，說明了它在當地必具合理性，有其實現的社會土壤，所以香港的時間基準對香港是合理的，同時溫哥華的時間基準對溫哥華也是合理的，文化背景決定其合理性。還記得我初移民至溫哥華，與朋友約會，總要乾等二三十分鐘，他們才施施然出現，除沒

有一絲歉意外，還揶揄我的是「Hong Kong style」呢！他們全不欣賞香港人分秒必爭的態度！

　　第九章便指出文化基準很多並非同構，若不同構下仍強作比較，多會是無意義或無效的。硬要作比較，便會產生張力和爭拗。先舉一篇網絡上的文章：「一位臺灣年輕女子跟拍拖不久的男友外出進餐，她點了滷肉飯後，便去洗手間。出來時，滷肉飯經已上了檯，更發現殷勤的男友已經替她把滷肉和飯拌好了。她崩潰了：『為甚麼把滷肉和飯拌在一起？』他愕然：『在我鄉下，從小就這麼吃呀，滷肉和飯充分攪拌，每粒飯都沾上肉汁，是最好吃的吃法！』她不同意：『在我鄉下，每個人都是吃一啖白飯，再吃一點滷肉，飯的平淡才能突出滷肉的濃郁香甜！』」[39]

　　這故事更引起網上長時間熱議，並出現有「拌吃派」和「分吃派」，各不相讓，鬧得熱哄哄！你說拌吃派錯？只因為你是分吃派而已，分吃派真的是正確嗎？

　　誰對誰錯？味道基準既屬文化基準，便屬非同構，故甚難作好/壞、對/錯的判斷，有的只能是各說各話，這故事清楚說明了這狀況。

---

[39] 高慧然，〈一碗滷肉飯引起的官司〉，《星島日報》（卑斯版），16/10/2020。

　　國際上不少國與國間的齟齬，很多都緣於視自己的文化基準比對方的優越，看不起對方，動輒妄加干預引起的，而真實狀況可能是「無法比較」！所以今天不少地方都出現古怪的「政治正確」[40]做法，把不少沿用已久的東西改掉，好免卻爭論云云。

　　例如，「聖誕快樂」改為「節日快樂」、「Man/Woman」改為「people」、「chairman」改為「chairperson」、加拿大的「印第安人」改為「第一民族」、谷歌 Chrome 中的「Blacklist/whitelist」改為「blocklist/allowlist」、「娼妓」改為「性工作者」、「毒品」改為「物質」（substance）、「老人痴呆症」改為「腦退化症」/「認知障礙症」/最新有「阿茲海默症」（Alzheimer）、「Aunt/Uncle」改為「Parent's sibling」等等，改成中性，取消比較，免去被人家說自己有歧視對方宗教、職業、性別、種族的嫌疑，這些都是比較帶出的有趣效應，不過，有時卻帶來令人困惑、不知所云、無所適從的副作用！

　　今次的新型冠狀病毒疫症大流行中，人們對卑斯省首席衛生官亨利醫生（Bonnie Henry）的評價便頗有趣，直至 2020 年 12 月為止，主流人士都覺得她十

---

[40] 政治正確通常界定為：於言行舉止上避免對種族、文化、宗教、性別等方面造成冒犯。

分稱職，多給予讚賞；而大陸及香港的移民卻覺得她絕不稱職，還多番批評責難。[41]我覺得主要原因是大家所持的基準不同，主流人士是以他們熟識的安大略省、魁北克省以至南面的美國作比較的基準，這兩省與美國的感染都比卑斯省嚴重；而大陸及香港的移民則用他們的原居地作比較的基準，香港的感染率明顯少得多，而大陸更幾乎是零確診，[42]如此，他們又怎會滿意卑斯省的防疫工作呢！

　　但是，我們大陸及香港的移民朋友這樣的比較又是否合理？是否合宜？這點將會在第九章再作討論。

　　所以，你選擇一個怎麼樣的基準，便得出一個怎麼樣的比較，引伸出一個怎麼樣的反應與結論，有趣嗎？

　　再說一次，沒有基準，無法比較。若在沒有基準下還強作比較，便會產生問題，例如今次疫症的早段，各地醫院都極度缺乏救急用的呼吸機，當重症病

---

[41] 特別是批評她不強調口罩對防疫的重要性，她把其重要性置於勤洗手、人與人間保持二米距離及不要多人聚集之後。

[42]

省分	安大略	魁北克	卑斯	香港
人口（2019 年）	14,500,000	8,500,000	5,000,000	7,500,000
一天確診人數（約數）（2020 年 10 月中旬）	900	1,000	200	10

人潮水般湧進醫院時，醫生便要作出艱難的決定：誰
可使用呼吸機？即比較誰更需要它了。

　　既對病毒全無認識，又不知病人存活率及病情惡
化速度等的情況下，醫院簡直無法提供一個合理的指
引基準給醫生。沒有合理基準，卻硬要作比較，叫醫
生作出判定生死的抉擇，醫生便承受巨大的道德壓
力，很多醫生沮喪說：「這令我感到很不安樂！」[43]
對，他們可能一生一世也不會安樂，無奈啊！

　　所以，既要比較，必然要有一個作比較用的基
準。你說這個壞，必然要有一個所謂「好」的參照；
你說這個錯，必然要有一個所謂「對」的參照，才能
言說這個是好或是不好，那個是對或是不對。正確基
準的重要性不言而喻吧！

　　最怕是基準倒是定出一個，卻滿是形容詞，又沒
有附上一些較明確的細則，有時真不知實際所指的是
甚麼，如此的基準便大有問題，之後要作出一個正
確、清晰的比較便不容易了！

　　中國於 2020 年 6 月 30 日頒布的《港區國安
法》，對我這些不懂法律的人來說，總覺得有不少地
方都十分含糊，可能很多人犯了法也懵然不知！

---

[43] 《星島日報》（卑斯版），15/1/2021。

例如第二十九條中的第一至第三項，均出現「嚴重」這個形容詞，[44]但卻沒有附上明確的細則，究竟嚴重至甚麼地步才算是嚴重呢？感覺是遊走空間委實太大，看遍全章法案亦不見有所交待，背後或許是有其理由，但我想對於執法者來說，恐怕這會是一個「嚴重」的困難！

　　一個更要深思的例子，上屆美國總統川普競選連任失敗，竟拒絕承認敗選，他不斷責斥選舉存在著「嚴重」的選舉舞弊，包括了捏造選票、點票造假、銷毀選票、外州選民、死亡選民等問題，誓要推翻大選結果。但當人們要求確切證據時，他又拿不出來，只稱將在國會「爆料」云云。（最後當然是不了了之！）當然任何選舉都有可能出現舞弊，問題是程度上是否足以改變結果，雖然懷疑州份的選票再經重點亦確認拜登（現任總統）勝選了，但他仍堅持說舞弊嚴重，不相信最終結果，卻又總拿不出有效的反證，

---

[44] 第二十九條　直接或間接接受外國或者境外機構、組織、人員的指使、控制、資助、或者其他形式的支援實施以下行為之一的，均屬犯罪：
　　（一）對中華人民共和國主權、統一、領土完整造成嚴重危害；
　　（二）對香港特別行政區政府或者中央人民政府制定和執行法律、政策進行嚴重阻撓並可能造成嚴重後果；
　　（三）對香港特別行政區選舉操控、破壞並可能造成嚴重後果。
　　（Zh.wikipedia.org/wiki/中華人民共和國香港特別行政區維護國家安全法）。

支持與反對他的人遂出現相互攻擊、污衊、詆毀，鬧得天翻地覆。

「嚴重」既是形容詞，是一個與基準比較的結果，若沒有說明基準是甚麼，[45]其有效性便不可能通過考驗，他更用另一些煽動性卻無基準的形容詞如：「我們贏了，大勝！」「我們有大量證據！」等去掩蓋其荒謬性。[46]以民主大國自豪的美國，竟出了一位如此缺乏邏輯的總統，又有這麼多民眾支持他，[47]2021 年 1 月 6 日的參眾兩院聯席會議確認選舉人票時，更有他的粉絲為此而暴力衝擊國會！[48]這些不都是值得我們深思嗎？

有些參照用的基準是清晰精準的，表達能數字化，透過量度、數據收集，並通過某些數學運算而獲得，譬如不少經濟領域的基準便是。它們多以會計學或統計學上某個參數（例如平均值）作為基準，高於這基準便可視為良好、優越等，低於則可視為不良、

---

[45] 這次美國大選選票約 1.4 億張，川普說舞弊「嚴重」，那麼「嚴重」這詞指的是甚麼？究竟有舞弊的選票數目是 1 千 4 百、1 萬 4 千、14 萬、140 萬、1,400 萬、還是 1.4 億張？他心中的基準究竟是甚麼呢？不講清楚基準細則，少至 1 千 4 百張也可以說是嚴重了！

[46] 《星島日報》（卑斯版），4/1/2021。

[47] 1.4 億張選票中，近半的選票投給了川普。

[48] 《星島日報》（卑斯版），7/1/2021。

不合格等，較容易掌握，模糊性低，爭論便相對較少。甚麼社會整體的 GDP、PMI、PPI、CPI、失業率，個別公司的 P/E、派息率以至銀行的 CET1 等等的經濟指數都是。藥理病理方面也多能數字化，甚麼每天適合的熱量（calorie）、維生素、鈣鎂鐵以至微量元素的吸收量等，以及甚麼的 BMI、癌指數、肝功能、血脂、血壓、血糖等指數都是。當然還有工程、製造、環保等不少領域的基準都能數字化，這裡不贅。

與此相反，便是籠統非常，模糊性甚高的基準，因為定準上難有共識外，也難定義、量化。譬如前面漂亮之基準便是，你說她醜，不要忘記，情人眼裡可出西施呢！非洲或北美某些地方的美人會在下唇打洞，撐成一個龐大的下唇，愈大愈漂亮，但我們看來卻是驚嚇！甚麼才是漂亮的基準？除難以客觀定準外，亦很難說得清楚明白！

所以世界上有些選美便訴諸大眾，讓大家投票，眾人的口味便是基準；又或訴諸權威，讓數個所謂對美感有「研究」的人士權充評判，如著名影星、攝影師，以至藝術家等的「有品味」人士，他們的口味便是基準。但有時我看來看去，覺得選出的與我心目中

的總有著距離，我從不覺得自己是沒美感的人，只能說我的美感基準與他們的不大相同而已。

說實話，尋找出一個客觀的漂亮基準何其艱難！不少選美案例中已指出白人評判大多選白人，除了「熟識」這個因素外，大概身材高、皮膚白、大胸脯、性格開放等是他們審美的文化基準吧。文化的主觀性及不可比性[49]不又是統管、轄制著這些基準嗎？所以，文化不同的區域，文化基準亦如個人基準一樣，可以大大不同，當中亦難產生有合宜的比較。

故此，文化基準是一個偏見，更是一個集體的偏見；不過，既尋找不到一個沒有偏見的「客觀」基準，偏見便成不了偏見了。[50]

文化基準可以是地域性，也可以是時段性，所以哪怕是同一個地方、同一個民族，時代更替生發基準變化，不同時間出現不同基準是很自然的事，譬如中國漢朝的女子便以瘦為美，趙飛燕是典型；唐朝的則相反，以肥為美，楊玉環是典型。說到肥瘦，從審美向度說，從來都沒有一個放諸四海均有效的合理基準；今天倒有人退而求其次，用上了健康的向度去處

---

[49] 參前面滷肉飯例子。關於不可比性，參第九章。
[50] 即沒有基準，比較便失效！

理，得到了 BMI 這基準，不過這已是兩碼子的事了。

第一章中描述美國好萊塢影片中出現的接吻鏡頭，便道出當時（50 年代）香港與美國於男女親熱的文化基準上極大的不同，遂反應各異。假設有戀人在美國公眾場所接吻與他們在香港接吻，他們會有甚麼不同的後果？在美國，當然是平常事一樁，但在香港，人們會投以奇怪或鄙視眼光，覺得有傷風化、下流，幸好還沒有像伊斯蘭國家那樣，公眾地方拖手接吻均可下獄！70 年後今天的香港，在公眾場所接吻已不算是甚麼的一回事了。

各地的文化基準對同一件事情、同一件東西既然可以大大不同，生發的反應可以是互不欣賞，故政治性的或非政治性的排斥、歧視、干預等情況的出現便不足為奇了。

例如中西繪畫方面便有這樣的情況，在溫哥華，畫國畫與畫西畫的人甚少溝通，因為國畫與西畫多方面的文化基準都差異極大，欣賞與評價的取向都不盡相同，國畫以筆墨技法及內蘊作定準，而西畫則以色彩運用及形式作定準。所以誰高誰低便無法比較，出現橙與蘋果非同構、不可比的問題（參第九章），最後反應便出現「我的定比你的高」這偏見，交流遂闕

如，大家無從真正對話。正如第一章中所描述一樣，你叫西方人士能欣賞、讚美我們的皮蛋酸薑和豉汁鳳爪嗎？

當然，既是某地方的文化基準，於當地人們中間便會出現普遍性，故它大多也是那地區中的個人基準了。

第四章　個人基準與文化（公認）基準的矛盾

4.1　個人與文化

　　新型冠狀病毒疫症大流行之初（2020 年 2 至 3 月），許多中國大陸留學歐美的學生都跟在老家一樣，出門便戴上口罩以防感染，視之為理所當然。不過，歐美本土人士在這方面卻有強烈的差距，他們除抗拒戴上口罩引致的不便及窒礙呼吸外，也認為用得著口罩的只有病者，[51]但生病的話則要留在家中，不好出門，所以期間你看不見歐美街道上有人戴上口罩，主要便是這個原因；生了病還在街上跑的人，定是個肆意播疫者，人們會避之則吉，或破口大罵。[52]

---

[51] 他們的邏輯是，戴口罩的目的不是防止自己受感染，而是確保自己不傳染別人，所以戴口罩的都是病者。〔廖長仁，〈還好沒沾上政治色彩〉，《星島日報》（卑斯版），16/9/2020。〕

[52] 隨著疫情大幅度擴散，歐美感染及死亡人數劇增下，對口罩歧視的人也慢慢懂得口罩對防疫的重要性，2020 年 7 月後也開始佩戴了；不少地方政府亦開始立法，在人與人間無法保持社交距離（1.5 至 2 米，各地有差異，有些甚至少至 1 米）的情況下必須戴上口罩；話雖如此，至 2020 年杪歐美地方仍有人示威、抗

　　在中國大陸及香港基本上人人都自覺地戴上口罩，這基準具普遍性；但在歐美，戴口罩的行徑則甚具特殊性，中國人在歐美不竟是少數，一兩個戴口罩的面孔在千百個不戴口罩的面孔中，人們便會覺得奇怪、不和諧，更有人覺得是被挑戰、被冒犯，產生涉及種族的政治性反應。

　　這個個人與文化的矛盾，說到底，其實是兩個文化基準的矛盾，與前一章的中西畫矛盾無異，只是事件當中，一方只以一兩個人作代表，而另一方則以整個社群為代表而已，是懸殊勢力的問題。

　　人是群居動物，不能獨自生存，但是你若是少數，所持的基準與周遭眾人不同，而你又要活在這群體當中的話，你的生活便會出現壓力，覺得不舒暢，生發很多的不合己意，甚至懷疑自己被歧視、欺壓，覺得別人總與自己對著幹，這狀況對移民或往異地工作、求學的人特別顯著。

　　要融入這個與自己基準不盡相同的地方，便需要一個學習期，或叫適應期。若兩者的落差巨大，特別是自身基準堅實的話，[53]這改變便需要一段頗長的時

議，指口罩令違反人權、憲法，並且散播恐慌，極端的還有把政府告上法庭哩！
[53] 參第七章 7.2 中的「媽媽味」例子。

間。我見過很多人經過努力仍無法適應新環境的基準，最後身心疲累，吃不消下惟有放棄，返回老家的舒適圈（comfort zone）裡，重拾舊有基準，好舒舒服服！

你的基準在一個環境中偏向特殊性，你便成為鶴立雞群的異類，或被人責罵，或被人讚揚，總之人們會投以你特殊眼光。這次疫情中的李文亮醫生，[54]只因在同學微信群組中發布新型冠狀病毒的消息，便成為了「英雄」。說出真相本是你我都會做的事，但在人人噤聲這文化基準下，說出真相便具特殊性，異於一般人，極具「英雄本色」了。

還記得從前書本中看過這樣的一句話：「狂者以不狂者為狂。」可指一個理性基準，對非理性的人來說，可被視之為非理性基準。而我更會說，一個理性的人，週旋於一群非理性的人中間，懸殊勢力下，他會被異化，最終蛻變成為一個非理性的人；即是說，強勢的文化基準必然會閹割弱勢的個人基準，哪怕這個人基準是無比的正確！

不是嗎？還記得三、四十年前有外國朋友到香港工作，每天上班都要乘公車。他在原居地有排隊上車的習慣，但香港當時人們候車，總是雜亂無章地站

---

54 參註腳 81。

著，公車駛到時則一窩蜂爭先恐後地搶上去；這情況下，我這位朋友總是不知所措，無法登車，最後只能轉乘貴價的出租車上班。在他那具特殊性的排隊基準不派用場下，要登車便只能多多「學習」了；數月後，他也能夠像其他香港人一樣擁有「你擠我擁」這個文化基準的能耐了，完全同化了，或說被異化了！

　　文化基準雖然很大程度上強烈地穩定，不過，在今天社會高速遞變下，文化基準也會快速地改變，形成舊有未變的與嶄新已變的兩種基準可以同時間出現。我今天仍有去聽講座、上課，最明顯是人人都已拿著各式電子產品謄寫筆記，而我還在用筆和紙，因為長者確實追趕不上時代啊！課堂上，便出現了反差巨大的有趣場景！

　　又在北美不少華人婆媳間，對育兒每每產生齟齬，便是因為基準的劇變，很多老一輩仍擁抱著中國的傳統基準：孩子要穿得超暖，不然會著涼，保暖為上，冬天孩子需層層包裹，僅露眼睛；孩子要吃得超飽，不然會發育不良、身體孱弱，公公婆婆需不停地餵食，哪怕孩子不斷地逃避、反抗，讓吃飯成為追逐戰。受這兒西方教育與社會薰陶下的兒媳卻有不同的基準：孩子要受鍛煉，不宜過分保護，穿少些更好，

吃飯更要尊重孩子的飽肚感，餓了自然會吃，間中餓一點有問題麼？會有營養不良嗎？

明顯的代溝，各自的基準比對下，總覺得對方的育兒方式不妥。相悖的育兒基準能夠同一時間出現，皆因今天時代變遷的速度前所未有，產生從未有過的高速蛻變，遂與不能同步蛻變的發生衝突，形成兩代互不欣賞，出現責難、不快。

我亦見過兩代之間出現一些頗令人痛心的代溝問題。因二戰戰亂關係，香港上一代多貧窮，受教育的不多；和平後，教育才漸上軌道，像我這戰後出生的一代，幸運的甚至有機會受高等教育。故此，一段時間，父母與子女的教育程度差異顯著，雙方於很多知識、認知方面的基準都不盡相同，有些學識較高的子女更覺得父母是「土包子」，所持的基準盡都與時代脫節，難登「大雅之堂」，便多不願意與父母一起，生怕他們在人家面前丟了自己的臉。

相似的情況也出現在夫妻之間，男主外女主內下，妻子的社交圈子便比丈夫的狹窄得多，妻子越來越不懂得家庭以外的種種情況，妻子於認知上跟不上丈夫，二人基準的落差越來越嚴重，丈夫便慢慢覺得妻子愚笨。加上若二人不能互相包容、尊重、讓步的

話，他們的關係、感情便會漸漸疏遠，出現巨大鴻溝！

以上三個例子都是不快的比較效應！

另外有一種情況，便是理念、意識形態差異所引致的。譬如，東西方於民族性上有基本的差異，東方人崇尚集體主義，雖然今天已有不少改變，但總覺得大家一個樣子較為妥當，要求齊一、秩序，規規矩矩，哪怕有參差，總希望不太大，任何異於大眾的看法都會被視為有點古怪，多不被認同、尊重；同時，正因為期望齊一，大眾都覺得尊重權威為該有的禮貌、該做的事，故此領導者一般都能夠輕易統率大眾，造就了「噤聲」的文化基準。

相反，西方人則崇尚個人主義，個人主義以自我為中心，以追求自己的權利[55]為應有之義，故視人權為圭臬，無人能剝奪個人的自由和選擇權。你我既平等，都具相同的重量、分量，權威被人挑戰便常有發生，這推動著多元現象的出現；不過，這觀念於決策上便引起效率不彰的問題，很多時只能以投票去完成

---

[55] 當然亦要尊重別人的權利，不然會令「誰大、誰惡、誰正確」的森林法則得以橫行。像加拿大的移民國家更需如此，來自不同地區的移民有著自身不同的基準，故政府不斷強調要「互相尊重與包容」，不然堅持各自不同基準的爭鬧便會無日無之。這已成為加拿大人的一個共識、文化、國家基準了。

決策，51%贊成成為了基準。在加拿大，《人權憲章》乃最高法律，加國總理杜魯多一次與中學生談話中曾這樣說：「我鼓勵你們挑戰老師、父母、政府、甚至你們的總理。」所以我可以是東，你可以是西，而且你我的權利、選擇、自由均受到最高法律的保護。

這些分別，或可用一個簡單的類比說明：考試中的「必答題」vs「選答題」。前者是「必答題」，大家都要如此做，人人一樣；後者是「選答題」，你可選 A 題作答，我可以選 B 題作答，你我可以不同。你喜歡那一種方式？

當然，這些基本性差異在各自自身的地域內不大明顯，因為地域內的人大多具相同看法，由這個看法定準下來的基準當然大家都樂意遵守。不過，在國際交往中，卻是另一回事，不同的國家、地域，雙方迥異理念比對下，我極容易認為你的基準不妥，你亦極容易認為我的基準不公道，衝突、齟齬便輕易發生，不能疏解、協調下可能會產生向對方施壓、干預、抵制等的政治行為。明顯地，川普執政期間中美出現的互相指責、杯葛、抵制，便與此有莫大的關係，加上川普的極端單邊主義下，這些基本性的理念與意識形態所引起的差異便甚難解決，若不能謙卑地坐下來開

展對話，尋求互相諒解、妥協、接納，恐怕政治上中美交惡將會持續白熱化。

在西方崇尚個人主義下，一些極端個人主義很多時會對社會造成嚴重的傷害，個人與公認基準間出現難以化解的矛盾。

例如，今次新型冠狀病毒大流行，北美（特別是美國）成為重災區，單單在美國確診便達 2 千 6 百餘萬人，死亡更高達 44 萬之多（至 2021 年 2 月 1 日止），[56]大家都知道這病毒的傳播途徑是人傳人，所以戴口罩、頻洗手、保持社交距離、避免大型人群聚集等，便成為了對抗疫情的公認基準，不少地方政府甚至把這些基準立法，人人必須遵守。

可是，哪怕疫情肆虐已超逾一年，堅持極端個人主義的人仍以自由與權利為依據，挑戰此等公認基準，認為是剝奪了他們的自由及人權，個人基準須優先於公認基準，不斷出現無數大大小小的示威、抗議，[57]甚至把政府告上法庭；當然這都是合法的，不過問題是這些人若不遵守此等公認基準，四處遊走集

---

[56] 《星島日報》（卑斯版），1/2/2021。

[57] 示威者口號/標語有：Hugs over Masks、No new normal、My body My health、Stand against COVID tyranny、No more lies No more mask No more lock-downs、Freedom is the Cure、Burn the Mask、My child needs to breathe fresh air、Don't mask our children 等等。

結，近距離相互接觸，又不戴口罩，還有不少帶菌者並無病徵，這些人便成為危害眾人的播疫者，又怎能叫停這場瘟疫呢？其實是無視公眾利益不負責任的極度自私行為！

4.2　強勢文化

今天時代的高速變遷與後現代主義冒升下，形成更多嶄新以至「前衛」的文化基準出現，傳統的文化基準受著前所未有的挑戰，如前面所提及加拿大的同性婚姻、大麻合法化等基準的出現便是。甚至今天在男權極重的地方，對女性自由的基準也有新的定義，傳統的單元化氛圍已開始瓦解，[58]出現更多多元性。

同時，全球化下資訊與交通發達，交往頻繁遂令各種不同的文化基準都被人認識，交熾角力下遂出現

---

[58] 例如：沙特阿拉伯的牢固男尊女卑基準也出現了改變，女性於 2018 年中已可以駕駛汽車，2018 年杪也可以去球場觀看球賽。〔《星島日報》（卑斯版），9/12/2019〕；又，阿聯酋於 2020 年杪廢除「榮譽處決」（honor killing）的法律保護。（「榮譽處決」乃中東和南亞國家的一種可怕陋習，人權團體指出每年有數以千計女性遭到家族殺害，因為家族成員認為她們的行為有辱門風，這包括私奔、與男性有染，或逾越任何跟女性有關的保守價值。）〔《星島日報》（卑斯版），8/11/2020。〕

了「基準壟斷」的比較效應，弱勢基準在博奕中漸被
淘汰，例如不少在技術、工程、藥物、文化、社會等
眾多領域中的基準便多以歐美為圭臬，皆因歐美不論
在經濟、文化、軍事、政治上都有較強影響力，或說
他們擁有較強的軍力、財力、權力及較先進的科技、
知識、政制、競爭力等，這便掌控了很多基準的話語
權，他們的基準成為權威，成為了人們無法不學效、
跟從的「先進」基準，產生了失衡甚至不公平的壟斷
現象！

　　例如，香港夫婦二人很多時都要上班，孩子需人
照料，人們的對策便是僱請保姆。東南亞較貧窮的國
家，如菲律賓、泰國、印尼等的婦女便成為對象，她
們薪酬低，勞動能力強，可說是「好使好用」。在上
班初期，雖然大家都有共識管好孩子是第一要義，但
磨合過程總不容易。她們管理孩子的基準與香港父母
的大相逕庭，她們管好孩子的基準多是管控，甚至責
備、體罰，[59]因她們在家鄉都是用這樣方式管教孩子
的；但香港的基準是絕不能體罰，管教的方式只能是
引導、解說、對話。

　　最後，香港僱主總覺得她們不妥、不文明，她們
又覺得自己大受委屈，吃力不討好。不過，最終她們

---

[59] 僱主當然看不到，這情況是在監控錄像中捕獲的。

還是要服膺於僱主的基準，因為僱主與僱員懸殊權力下，她們的基準便是弱勢基準，需讓位給僱主的強勢基準了。

有關僱主與僱員的權力問題，在東方集體主義的地方，特別是由於社會層階的定性，[60]於傳統較保守的機構、公司、組織中多少會產生一種所謂「一言堂」的文化現象，領導者包攬、操控一切決策，權力高度集中，皆因傳統喜愛以一致、和諧為管理最高基準，過多討論、過多意見、過多下屬的參與，都會視之為紛紛擾擾、不合一、不和諧、無效率，只在浪費時間和精力。所以，能夠留下的僱員均是「忍者」高手，或「金像獎」演員，以懂得領導者的心態、喜好及服從命令為其生存基準。

但在全球進入多元化後現代主義下，強調自由的西方個人主義成了強勢文化，[61]遂出現入侵東方集體主義單元化地域的勢頭，且影響愈來愈大。

正因如此，在加國城市中，很容易找到一些族群小區，區內有自己特色，充斥著族群的文化，例如溫哥華裡著名的有意大利區、日本區、韓國區、印度

---

[60] 參註腳 35。
[61] 強勢文化非指它比其他文化優越，而是指它有比其他文化具更強的競爭能力和壟斷能量。

區、唐人街等，涇渭分明。他們都多是集體主義較強的族群，因著大家既是「東」，又不想全是「西」的拉扯下，遂聚居為較封閉的一區，好減少疏離感及不必要的對外衝突。

事實上今天強勢的個人主義文化入侵，已令一些古老、固態、封閉的東方集體主義政府大為頭痛，如中東、南亞等一些國家，便不斷出現了個人與群體間的矛盾。皆因個人基準的改變只關涉個人的選擇，改變速度高；文化基準則涉及整體的改變，改變速度慢。一時間，改變了的個人基準與尚未改變的文化基準遂出現落差，無法接軌下，個人與眾人的張力與矛盾便隨之冒升，哪怕強調平等的加拿大也偶爾出現一些所謂榮譽處決事件。

舉一個在加拿大發生的榮譽處決例子，2017年，年輕南亞裔移民女子 Jessi Sidhu，不理家庭反對，為追求自由戀愛，誓要與自己心儀的戀人結婚，可惜她是「高種姓」，對方是「賤民」。[62]對女方這高種姓家庭而言，這結合是大逆不道，令整個家族蒙

---

[62] 印度有上千年歷史的種姓制度，國民按等級分為四大種姓，最高等級為婆羅門。高種姓的人覺得自己高貴優越，認為自己擁有特權；不入種姓制度的乃是賤民，被認為低下骯髒，他們飽受種姓的人歧視。這不公的階級制度更是世襲，不可變改，雖然法律上種姓制度已於 1947 年被廢除，但卻是名亡實存，文化基準的改變何其緩慢、艱難！

羞，親人遂要把她幹掉，好保存家族名聲，哪怕謀殺在加拿大可被判 25 年的監禁。[63]皆因其傳統堅實的集體主義文化，仍牢牢停留於「門當戶對」，婚姻需雙方社會階級對等這基準上；而這女子受了個人主義影響，已接納了「戀愛自由」這基準了。如此強烈的反差下，若誓要堅持自己的基準，對方便覺得荒謬、費解，甚至產生嫌惡、仇恨，出現了令人唏噓不已的可怕悲劇。

再說，哪怕同是強勢文化的西方個人主義國家，由於種種原因，地域與地域或國與國之間也會出現嚴重的分歧。譬如飲食基準，相隔狹小英倫海峽的英國與法國便大相逕庭了，英國好吃的不外是炸魚薯條，而法國菜卻是世界一流的，甚麼鵝肝、生蠔、蝸牛、龍蝦、黑松露、紅白酒等林林總總都是世界首屈一指的。

有人說這是不同價值觀、意識形態所導致：[64]新教國家，像丹麥、英國、瑞士、德國、北歐三國等的飲食，崇尚簡樸克己，因為新教就是追求節儉、樸素，作神的好管家；相反的，天主教國家，像法國、

[63] 《星島日報》（卑斯版），9/9/2017。
[64] 康子，〈女廚神流落飲食地獄〉，《星島日報》（卑斯版），9/12/2020。

第四章　個人基準與文化（公認）基準的矛盾

意大利、西班牙、葡萄牙等的飲食，崇尚講究、豐盛，因為天主教追求華美、禮儀，好顯出並享受神榮美、豐富的供應。只要你進入新教與天主教的教堂，看看他們的布置，便可看出這個分別來。

文化基準的形成實具錯綜複雜的原因，內中包括地理、氣候、歷史、制度、宗教、傳統、地緣政治、以至機緣等各個必然與偶然因素。所以一個地域、國家，又或一個民族出現不同文化基準是完全可以理解的，皆因形成進程、組成元素及背後的理念可以大大不同，常有天南地北的差異，前面所提及相互排斥的東方集體主義與西方個人主義便是例子。

所以，國際間交往，大家於對方與自己文化的差異、忌諱上不了解，便經常踫釘子，例如在傳統的伊斯蘭國家，你對其宗教出現不敬行為，哪怕是無心，也可會是十分麻煩，令你一籌莫展。

今天仍有不少強勢國家，出現威權主義，覺得自己的才是最正確，沒有對弱勢國家的文化加以理解、尊重，還肆意攻擊、操控，把自己自覺優越的文化強加於對方身上，或許是出於善意，但這已造成僭越、干預了，只會令對方覺得自己所喜愛、尊崇的文化被低扁、侵蝕、加害，出現了不安、反感、甚至對抗的

反應，形成了所謂的文化衝擊。[65]這都是比較引起的
差劣效應、結果啊！

----

[65] Sammuel P. Huntington, "*The Clash of Civilizations and The Remaking of World Orde*r", New York: Simon Schuster, 1996.

第五章　基準的組成

　　前面說過個人基準是持份者個人的選擇，你是怎麼樣的人，便會秉持怎麼樣的基準，所以不同的人，對同一件東西、事情出現不同的基準是普遍不過，這點大家都不反對吧。

　　簡單來說，基準是一把尺，但這把尺可以是實體，亦可以是非實體；可以是簡單、清晰，亦可以是複雜、暗晦難辨，這一章便嘗試看看這把尺會有些甚麼組成部分，及會以甚麼外觀形態出現？

5.1　複雜的成分

　　舉一個單簡類比，一個立方體，A=體積，合成 A 的成分便有 a=長，b=闊，c=高，A 之所以能成為體積，便需有長闊高三個的參數（parameters），[66]以數學函數方式表達，則為 A=f（a, b, c）。如你乘飛

---

[66] 也叫變量、變數。

機，服務員查收（check-in）你的寄倉行李時，你與她爭論體積只是長度而不是長闊高的話，即 A=f（a），對方不覺得你無理才怪！

A 與參數 a, b, c 都是變量，不同的 a, b, c，便得出不同的 A；在 a, b, c 變量譜系中你要定準某一個量為你的指定量，其合成體便是你要定準的基準 A 了。

絕大多數的基準都是多元複合體，內含多個組成參數，故成分可以十分複雜，特別是涉及人文、社會、政治的更是。即 A 乃主基準，a、b、c、d……為次基準（即其組成元素，也叫參數），程式為：

$$A=f\,(a, b, c, d, e\cdots\cdots) \longrightarrow (2)$$

舉一個例子，譬如健康基準，因衡量上的複雜性，定準便即時涉及兩個向度：1.「因」的向度 A'，即從原因角度看；及 2.「果」的向度 A"，即從結果角度看。

人要健康，從因的角度看便需有優質生活素質，次基準有 a=食物、b=睡眠、c=作息、d=運動、e=情緒管理等，即 A'=f（a, b, c, d, e）；而各個次基準亦有各自自身的基準，如：a=f（「食物金字塔」、煙

第五章　基準的組成

酒戒絕、多飲水、不偏食、戒夜宵等）；b=f（睡眠不少於每天 7-9 小時、早睡早起等）；c=f（每天工作 8 小時、一週工作五天、二天休息、不熬夜等）；d=f（一周三、四天帶氧運動，每次 30-45 分鐘等）；e=f（情緒經常保持平靜、思維要正向積極等）。次基準括弧內的便是 A' 的次次基準。

當然，此等基準也因人的健康狀況、年齡等而有出入，不能一概而論，所以因著個人實際情況，或需作一些權重配置（weights allocation）的處理。例如，年紀 50-60 歲的人，b、c 與 d 項比一般人少 10-30%可能更為適合，即 A'=f（a,（b, c, d）×（0.7-0.9），e）。

但，如此複雜，A' 便不容易有效地掌握，總有人會把 A' 看為 A'=f（a）、A'=f（b）、A'=f（a, b, e）、或 A'=f（1.5a）等等，選擇性地把一些次基準挪去、扭曲、置換、加多減少等，出現以片面代全面、局部當整體，發生張冠李戴、玉石不分的狀況。此等情形的出現，可以是因為他想把事情簡單化，特意棄掉或減少主觀上認為次要的組成部分；也可以是蓄意如此作，以達到一些隱藏的利己目的；當然亦可以是認知上不足所引致的。

譬如中國人便常常把健康 $A'=f(a)$，A' 的其餘成分總是可有可無，要健康便只從食物入手，[67]更把「食物金字塔」這次次基準置換為野味、燕窩、人參等補品，認為愈貴對健康愈有效，上萬港元一兩的冬蟲草才是上品！

若從果的角度看，便是要證明身體沒有出現負面的變化，A'' 的次基準便是我們體檢中各個合格指標了，這都是醫術進步的成果。當中便有 a'=肺部 X 光，b'=心電圖，c'=血脂，d'=血壓，e'=血糖，f'=尿酸，g'=骨質密度，h'=視力測試，i'=牙齒檢查，j'=psa，k'=乳房做影，l'=肝功能，m'=大腸鏡，n'=BMI 等等各個指數，即 $A''=f(a', b', c', d', e' \cdots)$。

亦如 A' 一樣，也有人把 A'' 扭曲、改動為 $A''=f(a')$、$A''=f(b')$、$A''=f(a', b', e')$ 或 $A''=f(1.5a')$ 等的問題出現。

從這個例子，便知道基準的成分可多複雜，外觀亦不如想像中的清晰！複雜兼糢糊下，許多被人動了手腳、被人扭曲了的基準，對很多人來說，實不容易

---

[67] 甚至於癌症治療上，還得是吃，總有人提供食療偏方，要治癒癌病，吃些甚麼花生衣、栗子殼等便可！

分辨得清楚，因為表面上仍能弄到看似「合理」啊！然而已是一個假相，是「A貨」了。

程式（2）中的主次基準這個從屬關係，亦可以如此類推地多次遞延下去，即那些今次為次基準的 a, b, c, d……，可以是下一次延伸的主基準並擁有其次基準等等。[68]

5.2 扭曲的面相

要有效定準一個合理妥當的基準不容易，有效分析一個基準是否合宜合理亦同樣不容易。故此，比以上健康更複雜的一些社會性定準，哪怕是國際性權威的像甚麼「聯合國快樂指數」、[69]瑞士洛桑管理學院（IMD）的「每年全球競爭力排名」、國際主權評級機構如標準普爾、惠譽、穆迪的「國家信用評級」」等，也有不少人爭論其有效性與公正性。因為定準過程中，除涉及當中數據、資料的準確性、公平性與針

---

[68] 舉例，聯合國世界快樂指數 A（註腳 69）中的 c, d, e, f 次基準，可以肯定是由它們自己本身的次基準所組成，相對於 A 而言，這些組成則可稱為次次基準了。

[69] 聯合國世界快樂指數 A 涵蓋六個次基準的組合，包括：a.人均GDP、b.預期健康壽命、c.社會支援、d.人生抉擇的自由、e.貪腐程度、f.慷慨程度。（zh.wikipedia.org/wiki/世界快樂報告）

對性外，亦關涉著被調查者與定準者不少的個人主觀判斷與政治取向，當中出現一些斷章取義、以偏蓋全等的狀況便不足為奇了，有人質疑更是合理不過的事啊！

接納一個基準時，首先要知道絕大多數的基準，特別是人文、社會性的，都不會是 100%客觀及資料充分完備的情況下制定的。所以在比較中，如何能夠判斷所使用的基準是否合宜妥當便是學問，除了加強自身學問好能提升真假辨別的能力外，較妥當的還是先要存疑，再憑藉理性、謙卑的態度去「慎思明辨」，[70]不可急躁，留給自己有查考、思辨空間，給自己多留緩衝時間，多問問題。

例如可以問：基準背後的論據、論證、假設是否合理、具科學性？援引的數據、調查、證據、先例是否具代表性，其公正性又如何？是否有本末不清、因果倒置、是非混淆的可能性？其適用的範圍是否合理，過寬、過窄？其權威性如何？有否經過廣泛的諮詢與專家的參與、審核？有否通過嚴格的查驗與實地

---

70 要能「慎思明辨」，實際也不容易，許多資料不具代表性，分辨真假亦有局限，常上網的朋友便知道，網上資訊真真假假，總令人迷惘。唯有加倍多方求證，多運用常識，用理性、邏輯作思辨基礎，常持謙虛態度，排除過多的個人主觀判斷等；這或許最終還是幫助不大，但養成這樣的一個習慣、態度，該是你我的責任！

性的測檢？曾否在相若的地方應用過，其果效如何呢？它具一個真正的整全相貌嗎？會否如瞎子摸象般，只代表 A 的片面，即 A=f（a），或 A=f（a, b），不是完整的 A=f（a, b, c, d, e……）呢？當中涵蓋的各個次基準合理、準確嗎？有偏差、「水分」嗎？它們具強而有力的針對性嗎？等等。

再要問問，基準內是否有人為的干預、政治的考略？定準過程中會否有人把某些次基準加多或減少、增強或淡化、擴大或縮小，以配合某個立場或某些個人或團體的利益？即原本 A=f（a），加權為 A=f（0.5a）或 A=f（1.5a），又或把它在主次上調整、更易，即原本 A=f（a>b），歪曲成 A=f（a<b），於權重配置上大動手腳。

許多手段可使「底」與「面」雖不再一樣，但仍能於表面上保留著輪廓，好蒙蔽、混淆對方的視線。例如吸煙對健康做成的傷害，便有一段頗長時間，煙草公司資助不少「獨立」的第三方（third party）研究，透過暗中操控，淡化吸煙的害處，把煙草內致癌物質的安全基準調校，或把煙草內致癌物質的含量改動，使害處看來沒有那麼嚴重，吸食者便大可放心吸食了！這些都是欺騙的行為。

所以要經常保有懷疑態度，裝備自己好具有相關的知識、常識（common sense）、邏輯基礎等，要慎思明辨，多方求證，嘗試解答如上述所提出的問題，不好人云亦云！

不過，問題是，在面對一些研究所、大學內高深的定準研究中，你又是否有足夠的高端知識、能耐去作合理的懷疑？在面對權威時，我們普羅大眾能有足夠資格、學養去懷疑、批判？最著名例子莫如吃雞蛋蛋黃的基準了，從多年前的不好吃它這基準，提升至現在一天可以吃三個、甚或更多也沒問題了。[71]為甚麼這麼多年來，沒有人真正懷疑過？或說沒有人夠資格懷疑過？如此的盲目信任委實有點離奇！[72]

事實上，對一些從未發生過的情況，因為沒有任何可茲參考、援引的經驗或數據，定準便需作大量研究、調查。但若這情況是突發的，亦需要即時緊急應對、處理，費時的研究、調查便不中用了，定準便相對困難，通常只能憑藉常識及資深人士的集體智慧去判定。

---

[71] 《星島日報》（卑斯版），25/1/2020。

[72] 附和和贊同「禁絕它」的人我倒見不少，吃蛋只吃蛋清；市面上更出現不少蛋清製品，譬如甚麼「瑤柱蛋白炒飯」、「蛋白蛋糕」、「玉子豆腐」等「健康」食品，追求者亦眾，一個「羊群效應」的典型例子。

　　好像今次的新冠病毒疫情，在疫情開始穩定下，鑑於政治、社會、經濟等原因，食肆需要解封，容許食客作有限度的消費，政府則需要為這限度定準及立法，如何平衡經濟與安全便是問題的關鍵。究竟每桌一同進食的人數該多少？香港政府最初的食肆「限聚令」為四人（即每桌不多於四人），隨著疫情好轉下便改為八人；2020 年七月疫情第三波臨到，受感染人數每天超過 100 人，是疫情以來最高峰，限聚令即時便改為二人。此等的法定時間和人數其實是頗隨意的，香港特首也說：「沒有實質的科學根據。」

　　大家在沒有足夠資格能夠質疑下，只能假設這些基準是政府通過嚴謹的討論下獲至，雖然是隨意，但該是官員與專家們商討下的集體決定，考慮該較社會上任何一個個體來得全面、透徹吧；或說，大家的接受是基於對政府的信任。（不信也要信！）

　　稍為留意社會裡一些層次較高需要商議、表決的事情，在討論上，總不難發現雙方的政客或既得利益者十分懂得利用以偏蓋全、斷章取義的手法：強調某些對他們有利的部分，大做文章；隱瞞某些對他們不利的部分，轉移視線，曲線迴避。以掩人耳目、張冠李戴的手法，爭辯他們的這個那個，才是真正謀取

「社會公益、人民福祉、國際公義」的「最佳基準」。

即是把 A=f（a, b）說成 A=f（a）、A=f（b）、A=f（a<b）、A=f（a>b）或 A=f（0.5a、1.5b）等等，強說這才是 A 的真貌；或是對方說 A=f（0.5a、1.5b）時，他反說該是 A=f（1.5a、0.5b），對方說 A=f（a>b）時，他反說應是 A=f（b>a）等等各樣花樣，好誘使人們同意及支持他們「更正確」的看法。

舉一個典型例子，香港回歸涉及的「一國兩制」方案，「基本法」本有界定，[73]但近年（2019 年）卻引起嚴重的政治爭拗，這方案中一國兩制有兩個次基準：a. 一國，及 b. 兩制，即 A=f（a, b）。由於很大程度上 a、b 相互矛盾，很多人因著利益、立場或價值觀等，對 A 中 a、b 便出現不同的權重配置。有些人說一國的重要性高于兩制，即 A≑f（a）或 A=f（a>b），把 b 大幅度弱化；相反，也有些人說兩制

---

73 《中華人民共和國香港特別行政區基本法》序言：「……根據中華人民共和國憲法第三十一條的規定，設立香港特別行政區，並按照『一個國家，兩種制度』的方針，不在香港實行社會主義的制度和政策。……」又第一章（總則）第二條：「全國人民代表大會授權香港特別行政區依照本法的規定實行高度自治……」又第一章第十一條：「……香港特別行政區的制度和政策，包括社會、經濟制度、有關保障居民的基本權利和自由制度，行政管理、立法和司法方面的制度，以及有關政策，均以本法的規定為依據。」

的重要性高于一國，即 $A \doteqdot f(b)$ 或 $A=f(a<b)$ ，把 a 大幅度弱化。大家都堅持自己的解讀、定準才是正確下，便把香港弄得滿城風雨，爭拗紛爭不斷，社會嚴重撕裂，雙方水火不容。

這樣做，是對是錯實不容易分曉，他們不是全錯（$A \neq 0$），又不是全對（$A \neq f(a, b)$），當中有部分是錯的，但也有部分是對的。所以說他錯，不是；說他對，也不能，於是令人迷糊下便人人都迷失方向。說到底，他們的肆意定準其實很多時只是為他們的集團、黨派、甚至個人的利益效力，捏造一個對他們有利的闡釋、解說，好達成他們的政治目的。

貌似真相，實是假像；貌似完整，實是片面！你能看得通、看得透嗎？

哪怕是有意或無心，把局部強作整體，或把箇中的一些元素扭曲、擴大縮小或恣意加權，如此泡製出來的基準，作出的比較，怎不會錯漏百出？帶出的比較，怎會公正？怎不會大家爭辯不休？

一件行李的體積 A，本應是 $A=f(a, b, c)$，但你卻說成 $A=f(a)$，體積便是長度，你我都會覺得荒謬。但有些情況下片面的基準，有人不會覺得荒謬，反而覺得是極度正確，還堅定持守、維護著，這便是今天香港「一國兩制」爭持不下的狀況。

舉一個比一國兩制簡單清晰得多的例子，夫婦二人教養孩子，丈夫要求孩子嚴守紀律，負責任，不怕勞苦，不可犯規，犯規必罰等，孩子要吃苦才能成長；相反，妻子卻總愛惜保護有加，怕孩子辛苦、不快樂，成長要透過不斷寬容，壓力太大便不好等，好讓孩子能有快樂的童年云云。二人總相互對著幹，出現嚴父慈母的兩極狀況，問題是他們都不自覺地覺得自己處理孩子的方式才是對的，才是真正的愛。

事實上，教養基準亦有二個組成部分，有公義向度（a），也有慈愛向度（b），即 A=f（a, b）。問題是男性性格多理性，以現實主義為依歸；女性性格則多感性，浪漫主義成為主線，自自然然夫妻二人對 A 中的次基準的主次總有所歸屬、偏好，是性格使然。皆因 A 的定準涉及個人的判斷，二人可能不自覺地被自身的個性、價值觀及文化傳統等影響著，各自不經意地局部作整體。

使孩子有整全的人格，二者都需要，而不是單 A=f（a）或 A=f（b），缺一都不可。要能全面，便需要相互配搭，作出平衡才是正確方式。又因為兩個次基準有著極大的矛盾，權重置配上遊走空間極大，夫婦間若沒有良好溝通、合作與相互了解便極容易引

致各走極端，帶來的又是激烈爭拗了。最後，大家包括孩子在內都糊里糊塗地成為了受害者，全輸！

返回一國兩制這話題，一國與兩制，雖是矛盾，但正因為是矛盾，才有互相制衡的功能，所以，為要能使一國與兩制能相互配合，出現和諧、平衡、互補，便要像教養孩子那樣，香港不同理念的人、黨派、集團及政府要如這對夫妻一樣，通過努力溝通、尊重、相互了解、讓步、妥協、合作方能實踐一國兩制最初的良好願望！不過，大家既相互矛盾，要妥協、合作又談何容易呢？

今次新冠病毒抗疫中，大家爭拗得最多便是「封」與「不封」；何時「封」，何時「解封」；如何「封」，如何「解封」等各個封城封關定準。這個基準 A 涉及的不外乎 a. 經濟與 b. 安全二個組成的次基準，即 $A=f(a, b)$。但二者又是相互矛盾：要經濟便需解封，帶來安全風險，復工復課下，疫情可能再高速擴散；要安全便要續封，帶來經濟深度下滑，工廠、商舖、旅遊以至學校停止營運下，人們生計停頓，工商業倒閉，國庫被淘空。如何定準，二者權重上又如何配置？真箇煞費思量！

無法清晰定準何者為主、何者為次，何者為輕、何者為重，何者為先、何者為後下，政府只能看表面

形勢，憑主觀下防疫禁令，[74]遂造成反反覆覆，時而禁止時而恢復的亂狀，令人無所適從，產生不滿；美國有地方政府更定下單日感染人數超過 4,000 便要宵禁的硬性規定，有人便問 3,999 人又如何？4,001 人又如何？[75]當然會有人說「非常時期、非常手段」，但其實可能是有關方面不知所措、無從定準，只得藥石亂投哩！

2021 年初，美國成為全球感染人數最多的地方，[76]明顯是經濟基準大幅凌駕了安全基準的結果；而作相反定準的中國則以安全先行，以人口比例計，成為了全球感染人數最少的地方。優次上不同選取，權重上不同配置，便產生了不同的結果！[77]

爭拗出現，乃各人不同的理解、觀點、立場與利益考略下而對 A 有不同的著墨與堅持，盡覺得自己的才是正確，對方的是錯誤。特別是不能客觀、謙卑下來的情況下，人非常容易、甚至不自覺地把自己的

---

[74] 參稍前有關「限聚令」香港特首的話。

[75] 〈星島社論〉，《星島日報》（卑斯版），28/11/2020。

[76] 美國新總統拜登上任後慨歎，美國人口只占全球 4%，但新冠感染確診者卻占全球的兩成半，死亡人數更超過 40 萬，比二戰美軍的死亡人數還要多！〔〈新聞報導〉，《新時代電視》（海外版），22/1/2021。〕

[77] 不同結果的另外二個原因：1.東西方不同的國民性格（參第四章4.1 及第九章）及 2.口罩文化。

「A 貨」視為「正貨」，把別人的「正貨」視為「A 貨」！美國國家過敏及傳染病研究所（NIAID）所長福西（Anthony Fauci）與上屆美國總統川普，從疫情初的蜜月期，發展到後期大家互說對方不是便是一個典型例子，[78]皆因福西是醫生，重安全；川普是商人，重經濟。加上福西是專業人士，川普又極度狂傲、自戀，二者遂無法於抗疫上合作。

年輕時我在香港政府土力工程處工作，負責斜坡安全。香港有近萬個人造斜坡，因資源限制，選取哪個斜坡需要加固修葺以防止山泥傾瀉時，便需有優次的考慮與政策，我們的選取是基於二個基準：a. 斜坡穩固程度，及 b. 斜坡下塌引致生命與財物損失的多寡。一次與政府一位政務官（administration officer）討論某個斜坡該否被選取時，他的基準竟然是：「這個斜坡在海旁當眼處，港督[79]每週駕駛遊艇出海都經過，下塌的話他定必看見，所以不能讓它塌下，此斜坡要快快修葺，就選這個吧！」

他的基準是政治性，他的職能、崗位、立場決定了他的基準！我們土力工程處的基準也何嘗不是我們的專業、崗位、立場決定下來呢？不過我們的權威性

---

[78] 《星島日報》（卑斯版），3/7/2020。
[79] 英治時期香港的最高領導人。

不及他拋出至高權力的港督來說項來得有力，權重置放上他絕對有利，這次是政治戰勝了科學。我們的科學性基準被他的政治性基準赤裸裸地綁架了，哪一個基準才算合適合宜呢？這例子正好印證第三章中所提及權力的重要性。

今次新型冠狀病毒疫症中的一個著名例子，可說是政治基準獲勝下的一個悲劇。事情最早可以追溯至武漢市中心醫院急症室，[80]2019 年 12 月 18 日急症室接收了數名肺部嚴重感染的病人，12 月 29 日急診科主任艾芬察覺其嚴重性並報告了醫院公共衛生科，30 日更把一份相關報告轉傳給醫學院她的同學。與此同時，眼科醫生李文亮[81]也私下於同學微信群中發預警，[82]12 月 31 日武漢市公安局傳喚包括李文亮的 8 名微信傳發者，指其行為擾亂社會治安，進行了「訓誡」，並在國家級電視臺上示眾；2020 年 1 月 2 日醫

---

[80] 至於病毒源頭，世界衛生組織（WHO）至今（2021 年 2 月）仍在調查研究中。

[81] 2020 年 2 月 7 日，李文亮醫生也受感染離世，終年 34 歲，他被稱為這場疫症的「吹哨人」。最終更被官方封為「烈士」，與他於 2019 年 12 月 31 日被「訓誡」形成了強烈的對比。

[82] 微信內文：「華南海鮮市場確診了七例 SARS，在我們醫院後湖院區急診科隔離。」「最新消息是，冠狀病毒確定了，正在進行病毒分型。大家不要外傳，讓家人親人注意防範。」〔《星島日報》（卑斯版），7/2/2020、20/3/2020。〕

院監察科也約見了艾芬，並給予嚴厲批評，指她造謠，謂其行為影響了武漢的發展與穩定局面。[83]

最終，單是武漢市中心醫院的確診染疫醫護人員便高達 230 多人，包括 3 名副院長和數名科主任，其中包括李文亮醫生在內 6 名醫生殉職，[84]至 2021 年 4 月 21 日為止，於全國的確診感染及死亡人數便分別達 9 萬 6 百及 4 千 6 百餘人。[85]

政治基準凌駕科學基準，遂輕忽了疫情的嚴重性。政治凌駕專業，外行領導內行，[86]做成不可挽回的慘痛損失。

離譜的更有索性不理會公道或合理與否，肆意扭曲，借用表面相似但實不相乎的某些基準作為定準、佐證，偷龍轉鳳、掩人耳目，讓人們難以覺察，像中

---

[83] 訓語：「作為專業人士沒有原則，造謠生事，你們這種不負責的行為導致了社會恐慌，影響了武漢市發展、穩定局面。」〔《星島日報》（卑斯版），19/2/2020。〕

[84] 〈「發哨子的人」艾芬醫生的血淚控訴〉，《看中國》，溫哥華，第 672 期，13-19/3/2020；《星島日報》（卑斯版），29/8/2020。

[85] 中國政府隨後強力封城防疫，疫情遂成功得以控制，感染者只占全世界於 2021 年 4 月 21 日止受感染人士達 1 億 4 千 3 百餘萬的一個極少比例。（covid-19.nchc.org.tw/map.php）

[86] 訓誡李文亮醫生等人的武漢市中心醫院黨委書記蔡莉已於 27/8/2020 被撤職；多名醫院內的醫護人員均抱怨，蔡莉沒有臨床經驗，完全是外行領導內行。

國「狸貓換太子」[87]故事般，把不利他的字母 p 轉換為利他的 q，外貌有點兒相似，實際是兩碼子的事，是偷換概念的手法；貌似合宜，實是欺騙，這也是很多談判中慣用的技倆。

例如溫哥華每年多有工人罷工，爭取加薪增假期、福利等，工會總是選擇一些基準都比溫哥華高的大型城市如多倫多、紐約、倫敦等作為對它有利的談判籌碼，以證明溫哥華現存的薪津基準是何其的不合理，並急需馬上調整云云。他們不會去弄清楚此等城市的社會、經濟背景是否與溫哥華相若？[88]它們的可比性高嗎？[89]是否公道的橙對橙或是蘋果對蘋果的比較？或只著眼於此等基準對談判是否有利，能否矇閉對方視線，以達目的？正像把字母 p 轉換成相似的 q，或把 p 與 q 都放在一起，有真有假，對方亦不懂如何能把真假辨別出來！

再舉一例，2019 年香港的「逃犯條例修訂」風波。事緣香港男子陳同佳[90]與女友潘曉穎，二人同赴臺灣旅行期間潘曉穎被殺，陳同佳回港後被捕，因案

[87] https://zh.wikipedia.org/wiki/狸貓換太子
[88] 單看城市人口規模及經濟模式，便知道這個被譽為「退休天堂」的溫哥華很多方面都與它們並不相若，屬於不同構。
[89] 參第九章中對合宜比較的討論。
[90] theinterview.asia/sharing/9692#bbc.com/zhongwen/simp/Chinese-news-48619305

發地不在香港，而香港現有的逃犯移交條例又不適用
於中國大陸、澳門和臺灣，為要能引渡他至臺灣受
審，彰顯公義，香港政府遂提議修改這條條例。

但條例的修訂，似乎並非單純針對陳同佳案，因
為要簡單處理此案，可作特別只涉臺灣的立法，而不
需要作一個泛中、澳、臺，涵蓋如此寬闊地域的修
例。不知是真是假，某些評論家認為這次修例背後實
針對來自大陸藏富於香港的「走資白手套」，好藉修
例能把他們引渡返大陸伏法云云。

更不知是某方面的指令還是香港特首的「高度智
慧」，未有經過任何公眾諮詢便極速向立法會提出這
修例，大概她也知道中、港兩地法制與執法迥異，香
港人害怕會隨時被捉拿至大陸而得不到「公平」的對
待，所以希望以快刀斬亂麻手法，好令民眾沒能充分
思考修例的影響而得以過關。

我當然無法知悉特首的想法，但總覺得奇怪，以
她的靈巧能幹，為何要捨易取難？處理如此的一樁案
件，何需訂下如此超高的基準？實有點兒不成比例，
令人生疑。若某些評論家所指是真的話，她的手法便
是偷換概念了。[91]中國歷史上也有不少大家都熟悉的

---

[91] 最新的發展，於 2020 年 10 月前香港保安局局長宣稱，此案可按
「石棺藏屍案」先例解決引渡的問題。「此言一出，引起公憤，

例子，著名的有「明修棧道，暗渡陳倉」等，面一套非底的一套，混淆視聽，好蒙混過關，達到背後隱藏的政治目的！

總之，一件小事，制出一個高基準；或相反，一件大事，制出一個低基準。二者哪怕你怎樣看，前前後後、左左右右，總不成比例的話，出現不合理權重配置，便得要小心，不正常啊！常識告訴你，看到的可能只是表面包裝，而背後的實質，不該是這樣子的，即是說你看到的 A=f（b）只是表面，而實質是 A=f（a）啊！不過，亦有人於認知上對事情的嚴重性掌握不到位，而出現小題大做或大題小做的問題，這樣的情況也不是不普遍呢！

還有，處境雖然相同，但對當中不同對象卻賦予不同基準，出現不同的處理，也需留意！例如，父母對自己子女與對別人子女，基準上一般都有差別，這是父母緣於感情、關係而偏愛自己兒女，那是挺自然的事；能夠掌握這簡單的道理，便有著名的所羅門王智慧裁決的有趣故事。[92]故此，若某人對同一處境下

既然如此容易，那麼你特首搞出一條所謂的送中引渡法（修例），導致整個香港斷送，經濟遭受重創，又所謂何來？」〔陶傑，〈期待陳同佳出選〉，《星島日報》（卑斯版），10/10/2020。〕

[92] 有同居婦人甲與乙，於三日間都生了孩子，半夜睡覺時甲的孩子被甲壓死，她趁乙還睡著的時候，把兩個孩子對換了。第二天早

的甲與乙有不同基準的話，便顯示背後可能涉及一些感情、關係或利益上的考略，才會出現這些不平等的處理。[93]

這種厚此薄彼的處理，今天有人稱之為「雙重標準」（double standard），好像是一些新生事物，但可知道這情況在生活上是經常發生的，絕不出奇！[94]

中國人既是集體主義的民族，就必然看重關係，於人際處理上常出現濃厚的「親疏有別」，除親人朋友外，哪怕遇見同鄉、同行、校友、以至同姓等都有特別的親切感，對待對方總會比對其他人殷勤些，對方若需幫助，給予助力也會大些、多些。這不就是雙重標準嗎？

還有，男士們看見漂亮的女性，又是否對她有好感多一些？其實你留意一下職場上、學校裡，以至社

上，乙發現身旁的孩子死了，細察下卻不是她的孩子，但甲卻說死了的孩子明明就是乙的。最後便來到所羅門王面前去仲裁，她們都說對方不是孩子的母親，王遂下令把孩子劈開兩半，分給甲和乙。聽到這判決，乙求王不可，她願意放棄不要了，甲卻說：「這孩子不歸我，也不歸你，把他劈了罷！」王便知道誰是孩子的親母，把孩子歸給乙了。（《聖經》，和合本，〈列王紀上〉第 3 章 16-28 節。）

[93] 因涉及不公，背後原委絕不會公開的。

[94] 只是一個新名詞而已，實是老生常談；心水清的讀者也可能留意，作者在本書討論的一切，不也是老生常談的事情嗎？可是本書卻把這些討論冠以一個新名詞：「比較哲學」！

群中，漂亮總比不漂亮的獲得更多的呵護、照顧、方便，這不就是雙重標準嗎？

對一些人好一些，相比下便是對另外的一些人差一些。得不到好處的一方，便會覺得自己被歧視，沒有獲得公平的對待。其實，歧視正正就是雙重標準！

國際間，因著各自國家利益，政治上厚此薄彼的雙重標準現象亦極普遍。例如，美國經常嚴厲批評中國的人權狀況，但對人權狀況不知差多少倍，卻是友好的國家如沙特阿拉伯等極度封建保守的國家，卻不加以批評，甚至出現維護，或有批評，總是非常低調；皆因背後能從這些國家取得龐大利益，得罪了他們，利益便付諸東流！

不公的雙重標準在工商業中更是普遍，一單合約，為甚麼給予甲公司而不是乙公司？很多時是利益或關係的考略，人們不過美其名為「商業決定」罷了，只要不涉私人利益，大家便都接受而已。[95]

我有一位朋友，暗下我知悉他有「第三者」，但一次閒談中，大家談論到某電視片集中的劇情，當時有兩人大力批評劇中主角有第三者是何其的不道德，奇怪他竟是其中之一！他批評著人家，不就是批評著

---

[95] 若涉及個人利益的，可視為「賄賂」，很多人都不會接受。

自己嗎？不見得！當時他高調說：「我看不起這種人，這樣做怎對得起妻子、兒女，回頭是岸！」

他對自己與對劇中主角持不同的基準，明顯是雙重標準，為何如此？他高調說違心之言，明顯是要在朋友面前掩飾，好維護自己的名聲、面子！是利益上的考略。

最新莫過於今次處理新冠疫情中出現的雙重標準，例如 2020 年聖誕節期間，美國每天新增感染人數超逾 20 萬下，衛生當局已再三呼籲避免外遊，可是美國聯邦最重要的防疫協調官員卻率先遠行，連加州政府領導人也違反自己頒布的避疫令而去跟遠方金主會面。[96] 加拿大也不遑多讓，也有多宗這樣的例子，譬如，安大略省每天感染達三千宗，亦已發出不要作非必要旅遊的指引，省財政廳長竟與妻子前往加勒比海度假去；[97] 更有南安省最大醫院系統的行政總裁，全省封城時亦前往美國旅行。[98] 如此的「只許州官放火，不許百姓點燈」，不也就是雙重標準嗎？

所以，事情中若涉及雙重標準的話，即對甲的基準是 $A=f(a)$，而同一時間對乙的基準卻是 $A=f$

---

[96] 〈星島社論〉，《星島日報》（卑斯版），31/12/2020。

[97] 《星島日報》（卑斯版）31/12/2020、2/1/2021。

[98] 《星島日報》（卑斯版）12/1/2021。

（b）時，常識告訴你，背後定關係著一些甚麼感情、關係、利益的成分，小心些！還有我們常聽到有人罵對方的行徑是雙重標準，好像只有對方才會這樣做；但只要細想，生活上出現雙重標準多的是，厚此薄彼亦是你我都經常做的事哩！自己做卻又罵人家做，不就是我那位雙重標準朋友的「翻版」嗎？香港人有一句話：「有口話人，冇口話自己！」說的便是這種雙重標準的情況。其實，雙重標準的出現是挺自然的事，雖說不公，卻是避無可避，留意小心點便是了。

轉轉話題，有一個觀察，倒想在這裡也討論一下。

在美國總統競選中，攻擊、抹黑、貶低對手是必然手段，特別是針對對手在管治能力、道德基準是何其的低下，好讓選民產生一個非我莫選的印象。一次川普在批評對手拜登時說：「他太老了！」大家都有點莫名其妙，因為拜登雖是 77 歲，但他亦已 74 歲，[99]很多人懷疑他又說荒唐話了。對！憑甚麼他可以譏笑拜登老呢？74 歲的他就不算老嗎？不又是雙重標準嗎？這句五十步笑百步的話快速成了笑柄。

---

[99] 拜登於 1942 年 11 月 20 日出生；川普於 1946 年 6 月 14 日出生。

　　這個比較，邏輯上是再簡單不過，77 歲與 74 歲，任你如何地看，都屬同級！除了他為利益而作出雙重標準這可能性外，我想他對老的基準，定與一般人不同！老（A），一般都是指年紀大，即 A=f（a），a=年齡。但其實老的基準，可包含多個組成的次基準，即 A=f（a, b, c……）。我懷疑川普對於老的次基準可能包括 a=年齡、b=體能、c=頭腦、d=說話反應、e=白髮、f=體態等等，所以他才會說拜登老了，的確拜登的 d、e 及 f 等項在表面上都比川普差了一截。若從這角度看，他可算是一個他經常誇耀自己聰明的「聰明人」！因他這個的基準看來更為合理。（疑點歸被告！）

　　這個討論，並非要探討川普甚麼是老的基準，而只是指出面對一個基準時，我們要去懷疑、去問問題，才可能有不一樣的看法、更好的理解！才有機會洞悉基準是否被扭曲，黑白是否被顛倒，不要人云亦云。同時，這亦說明一個形容詞如不附上基準，令人摸不著頭腦之餘，更會產生不必要的誤會、誤解。[100]

---

[100] 例如於評價一個人好醜時，因茲事體大，對聽到的形容詞要格外小心，總要多獲一些基準細則去證明其公允性，不妨問問：「可否給我一些例子呢？」

第六章　反應的差別

6.1　差距的幅度

　　第一章已指出比較作用下，先會出現心理反應，然後才出現抉擇、行動（程式（1））。本章便嘗試闡釋、討論此等心理反應中的一些情況。

　　有些人生活快樂，因為比較下他滿意現狀；有些人生活不快樂，因為比較下他不滿意現狀，快樂與否是一個心理反應，是比較衍生的效應、結果。有些不切實際的人，設定的基準與現狀相距遙遠，譬如，誇張的說，他賺錢基準是要與李嘉誠或比爾蓋茨看齊，那麼從他的現狀達至這基準的機會可說是零。[101]這種沒有丁點成功展望的比較下，只會不停被失望折磨，他又怎會快樂呢？

　　現實生活中，我們所設定的基準當然沒有那麼誇張，但基準總會有，以下是一些觀察：

---

[101] 李嘉誠與比爾蓋茨的成功，除了自身的精明、能幹與眼光外，還涉及其時的地產蓬勃與電腦業飛躍發展這樣的機遇。

　　圖4展示有二個的心理區域：1. 正壓區，現狀 X 低于基準 A；2. 負壓區，現狀 X 高于基準 B。

　　但，這兩個區域卻分別產生質方面上相反的心理荷重 x。在正壓區中，當事者出現的心理狀態 x，大概有壓力、不安、緊張、消極、擔憂、抑鬱、沮喪、憂傷、憤怒、焦慮等的情緒反應；而在負壓區中，當事者則出現的心理狀態 x，大概有給力、寫意、興奮、安樂、開朗、積極、進取、滿意、快樂、喜悅等的情緒反應。

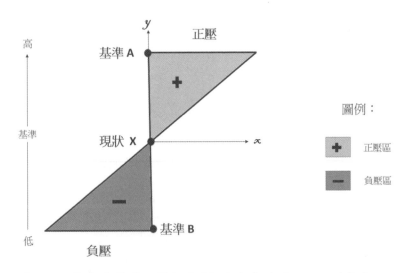

圖4：現狀與基準差距的幅度/出現速率（y）vs 心理荷重（x）（示意圖）

譬如，你每月收入$1,200，而實際需用為$1,400的話，與收入比較下你會不快樂，因生活緊絀、欠缺，要節衣縮食甚或賒債渡日，出現擔憂、壓力的反應；相反，你每月需用僅$1,000，與收入比較下你會快樂，因生活充裕輕省，很多東西都不用掛慮，感覺舒暢、安泰。同樣是$1,200 收入，與基準比較下卻生發不同的心理反應，指出的不是你現狀收入的多寡，而是你每月需用這基準左右了你快樂不快樂。

　　故有人說在正壓區，生發的是壞的壓力；在負壓區，生發的則是好的壓力。僅作說明，誇張一點說，不正常的極端狀態下產生的基準 B 便像前面所說阿 Q 的，而這狀態下產生的基準 A 則像阿 P 的，當然，阿 Q 或阿 P 都是遠離現實、不切實際的人物；而我們普通人，多只會在一般性的 A 與 B 之間徘徊，很少會走進極端的狀態。

　　香港近十數年間，民眾陷入極度不滿、不快樂之中，原因當然十分複雜，但我認為最重要的原因之一，是民生於這段期間大幅下降，大學畢業生的薪資十年來沒有多大改變，而樓價卻是倍升，成為全世界住屋最昂貴的地方，一般人無力買樓租屋。[102]現狀是

---

102 香港的私人住宅「每平方米售價中位數 ÷ 月薪中位數」的數值：2003 年為 3.4，2018 年為 9.8（資料來源，香港政府統計

不少中低層人士都需用不足、入不敷支，為生活和住所每天折騰，進入了正壓區，更是高正壓，又怎不會沮喪、不滿呢？

　　假若收入與需用剛好平衡，便出現不了過度的情緒，因為沒有比較或不用比較，何來強烈的滿意不滿意呢？不過，除個人自身的自我比較外，還會有與自身以外的四周比較。香港的堅尼指數已進駐至世界數一數二位置，貧富極度懸殊下，看見人家富有，穿金戴銀，有樓有車，自己卻是住「劏房」、「太空倉」，[103]如此反差下情緒怎能平衡？怎不會出現不滿、壓力呢？

　　與香港人相反，便有北面大陸的同胞，他們比香港人快樂得多。主要原因是大陸 40 年的經濟改革帶來民生大幅度改善，特別是加入 WTO 之後，人均GDP 從 1999 年 873 美元增加至 2019 年 10,261 美元，[104]二十年間增長近 12 倍。民眾擁有強勁的購買力、

處、差餉物業估價處），一般人於 2003 年買 400 呎的樓，不吃不用下要 14 年，而到了 2018 年則要 40 年了。

[103] 一層五六百呎的樓，可以分隔為七、八間僅放得下一張床及一張凳子的房間，是為「劏房」；更可怕的還有二三百呎的樓，可置放多達 20 個三呎多高，二個疊高，僅可容一人爬進睡覺盒子般的間格，是為「太空倉」。

[104] 中國歷年人均 GDP 數據，
https://www.kylc.com/stats/global/yearly_per_country/g_gdp_per_capita/chn.html

消費力，從前夢寐以求的東西，今天已是唾手可得，進入了負壓區，今天比較著往昔下，人們怎不滿意？怎不快樂？

同時，我們亦可從圖 4 中看到基準的下降或上升，也可帶來滿意/不滿意、快樂/不快樂的效果。基準從 A 下降至 B，經過正壓區中，正壓次遞減少；而經過負壓區中，負壓則次遞加增。過程中正壓漸漸遞減而負壓漸漸遞增，你便會愈來愈滿意、快樂了。與此相反，若基準從 B 上升至 A，經過負壓區中，負壓次遞減少；而經過正壓區中，正壓卻次遞加增。過程中負壓漸漸遞減而正壓漸漸遞增，你便會愈來愈不滿意、不快樂了。

所以無論你在正壓區，或負壓區，只要能夠經歷一個較佳的轉向，便有機會生發滿意或快樂的感覺；同理，若出現一些倒退、阻滯、困難，你也有可能出現不快樂、不滿意的感覺。事情總是複雜的，起起跌跌乃是常態，一般而言，若起的方面多於跌的方面，即快樂多於不快樂，整體便算是在負壓區；而跌的方面多於起的方面，不快樂則多於快樂了，整體便算是在正壓區。

　　大家都可能聽過鼓勵年輕人不要怕吃苦的一句
話：「追求倒吃甘蔗[105]的人生。」指出人生過程宜
「先苦後甜」，不宜「先甜後苦」。人生需有這樣的
一個方向嗎？對啊！皆因前者人生長跑中乃像圖 4 般
慢慢從 A 點下降至 B 點，一生中正壓不斷減退而負
壓不斷加增；而後者則慢慢從 B 點上升至 A 點，一
生中負壓不斷減少而正壓不斷加增。基準下降的效應
是生活漸入佳景，你會快樂，天天進步，充滿希望，
出現成功感，不斷有力前行；相反，基準上升的效應
是每天光景都比昨天的差，你天天只會埋怨、退縮、
失望、萎靡，生發失敗感，放棄前行。[106]這句話實說
出人生長跑的成功門路，值得細加思想！

　　還有一些類似警語，如「由儉入奢易、由奢入儉
難」，指出的是前者乃基準在下降，後者乃基準在上
升；前者的持份者會覺著輕省、愉悅，心理上是舒
泰，而後者的則覺著艱難、怨懟，心理上滿是不快。
這句話當然也適用於群體境況，前面談論香港與大陸
近十數年間民生方面的升降，大陸便是前者，生活愈

---

[105] 甘蔗的頭部（即根部）最甜。

[106] 當然一生中，多多少少總有起跌（參 6.1），只是總體來說，基
準下降，便會喜多於憂；而上升，則會憂多於喜。

發容易；而香港是後者，生活愈見艱難，又怎會滿意呢？

三十多年前到大陸旅遊考察，同行有二十多人，我們途經一條窮困非常的村落，家家戶戶都是家徒四壁，吃的只是青菜、土豆、花生等食物，當然沒有白米、肉、雞蛋等啊！我們覺得他們十分可憐、淒慘。然而交談下卻發覺他們沒有我們想像中的感覺，說話間總面露笑容，滿足現狀，可以肯定的是他們與我們對生活要求的基準不盡相同，這方面的基準，他們較我們低得多，我們只是憑自己與他們的現狀（或基準）比較得出的單方面解讀吧！

他們對貧窮的愜意態度，大概是由於未曾見過我們所謂的「富裕」，像上面所說那樣，沒有比較，何來有快樂不快樂的反應？正如一個天生盲眼的嬰兒，看不見東西是理所當然，不會覺得盲眼是不幸一樣。細想兒時貧窮的我，每天的兩餐，有小魚乾加青菜豆腐拌飯已是很幸福滿足的事一樣。

當時也有他們的小孩子，歡天喜地的圍繞著我們，又活潑又可愛，有團友給他們一些糖果（品質不高的），他們即時吃得津津有味，眼睛發亮，相信他們從未吃過如此美味的東西，更嚷著要我們多給！我後來覺得我們倒有點兒做錯了，給孩子糖果，他們的

基準可能被干擾、提升了，以後的青菜、土豆再不能滿足他們了，只牢牢記著那美味。[107]於圖 4 中，試想他們的基準是 B 點，提升至基準 A 點的話，本來是滿意的現狀點 X（即 X > B），便可能不再滿意了（即 X < A），從負壓區跑進正壓區。不知道這情況有真的發生沒有？但願我們這些外來城市人不會「污染」他們的樸素基準便好了。

哪怕你的物質現狀何其豐厚，要是停留在正壓區中，你總不會快樂，我見過不少駕駛名車、衣著時髦，男士是名錶女士是名牌手袋的人，總是不消多久，便要向親人或財務公司借錢！當然他們總有自己的解說，其實他們只要直接了當把基準向低調校便可解決，從正壓區進駐負壓區便是！但總是不能或是不會，因其基準有不容易調低的種種原因。

譬如，中國人最常有的便是面子基準這攔阻，在朋友圈子中總要爭做「強人」，遂不停比拼，你今天穿銀，他明天定要戴金；總覺得不能維持其高基準的話，便是失敗者，別人會看扁你，面子正正就是背後一個更深層次又極度堅實的文化基準，駕馭操控著個人的物質基準。你沒有聽過「先敬羅衣後敬人」、

---

[107] 相信這經歷對他們是深刻的，因為是「第一次」，第一次效應即將稍後作詳盡的討論。

「人要衣裝、佛要金裝」等誓要「打腫臉孔充胖子」自高身價、充撐門面的說法嗎？

　　所以，金句「滿足就是幸福」或佛家說的「放下」，就是叫人不要強作比較，不好把生命過於複雜化，把基準大幅度定得高過現狀；低過當然沒有問題，只是動力稍遜而已。簡單來說，便是教人從正壓區跑進負壓區，作質方面的轉變；前面說過的騎驢例子也是類似的勸戒，只需從前看轉為後看，整個心態便可逆轉，從不滿足轉變為滿足，便是如此簡單，你說容易做到嗎？

　　現實與所設定的基準出現差距（XA），便是事與願違、不能遂意，反應當然是不快，產生焦慮、壓力。若落差幅度不大，少少壓力倒不成問題，小小不開心、不滿，數小時或一二天便舒緩、忘卻了；但幅度巨大，便造成強大壓力，量方面（即程度上）起了變化，出現強烈的心理荷重：如沮喪、憤怒、怨懟、焦慮等負面的情緒反應。時間久了，長期正壓更可引發頭痛、胃痛、失眠、食慾下降、分泌失調、免疫力下降等亞健康狀況，差距巨大下，甚至出現正壓「臨界點」，生發更嚴重的問題如酗酒、濫藥、暴力、嚴重疾病（抑鬱症/癌病等）。

臨界點代表這點後，壓力會大幅爆升，出現一個令人無法承受的超高壓力（如圖 5 所示）。此等臨界點的出現，於喪偶喪子、失戀、退休、巨大意外，甚或是移民、破產、離婚等的狀況下，尤為普遍。當然抗壓能力亦會因人而異，這點在附錄二中將有所討論。

同理，巨大差距 XB 也會出現強烈的心理反應（即圖 4 低基準下之高負壓，-x），可從愉悅猛升至一個亢奮狀況，出現驚喜、慌亂、血壓標升、心跳出汗等現象。我有一位親人，年紀只有五十餘歲，一天晚上搓麻將，吃了「十三么」，開心到不可開交，就在這一刻，極度亢奮的他出現了狀況，荷重增至負壓臨界點，身體吃不消，「爆血管」[108]猝死了。

正壓臨界點一般比負壓臨界點較早及較易出現，除關乎「不如意事十常八九」這客觀因素外，似乎也與人的生理與心理構造有著某種的關聯。

---

[108] 嚴重的出血性腦中風。

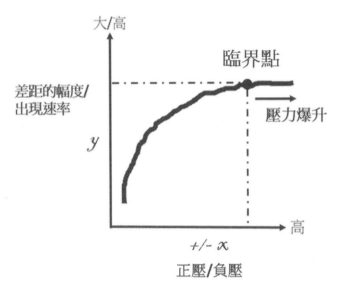

圖5：臨界點的出現（示意圖）

　　今天我還沒法忘卻一個深刻的欣喜，它不是甚麼賺大錢、大榮耀，而是我第一次看見的雪花！在瀋陽無聲無息飄落在我黑色大衣上，一片薄薄平面晶瑩透徹完整的白色對稱六角體，我猛然驚覺世上竟有如此美麗的東西，在南方長大的我對雪花形態是極度模糊的，這是第一次的邂逅，從空白的認知突然提升至近距離的細緻欣賞，這個落差加上雪花與大衣黑白強烈對比，令我的情緒一下子狂然奔動！

　　任何的「第一次」，對當事者來說，基準與現狀上會衍生巨大的落差，從經驗上完全的空白（現狀＝0），進駐至面對一個全新狀況（假設這新基準為1）時，這個 0→1 的進程必然產生強烈陌生感、不適感、無力感，生發不知所措的心理反應。哪怕這個 1 的新基準並非一個高基準，但因為分母既為 0，在 $1÷0=∞$ 下，[109]這個幅度在人的內心遂像凸鏡般被放大，出現一個超比例的「假性」高基準；高基準下，當事者不懂得如何能駕馭，處理上出現困難，心理上遂出現恐慌、震蕩，這狀況姑且稱之為「第一次效應」。

　　大家都可能有過第一次學習游泳，或第一次學習駕駛汽車的經驗，當下水或把車子開動時，便是這個 0→1 的狀況，差距在被巨幅放大下，怎不會紛亂、慌張、心驚膽顫呢？新手母親也是經歷著差距的幅度與出現速率放大這個 0→1 的狀況。新生命的誕生，她要立時應對一個全新處境，若不懂得處理，加上缺乏足夠支援，孩子又難服侍，便像所有困難同一時間出現一樣，無力駕馭、解決，出現混亂、失控，正壓

---

[109] 數學上任何數值除以 0 都是無限大。

便陡增，身心俱疲下，生發產後抑鬱症[110]的機率便頗高了。

又，第一次遇上恐怖、可怕的事情，如交通意外或天災像地震等，眼前一片狼藉，死傷者倒在血泊中，0→1 下，情緒會崩潰，有人會即時暈厥、嚎哭，也有不少人因此患上了創傷後遺症情緒病（PTSD）！當然醫生、護士、[111]消防員有的是不一樣的 1→1，便出現不了問題，因為除了習以為常這原因外，這 0→1 過程早在訓練中被慢速有序的 0→→→→1 替代了。

同樣是 0→1，也有給力、愉悅的情況出現，如上述遇上雪花的我那樣，出現不能自已的興奮。又如初戀，或新婚蜜月，第一次效應下，差距的幅度與出現速率同時被放大，快樂便變得更快樂，甜蜜便變得更甜蜜；出現朝思暮想的愛意，生發不見一日如隔三秋的濃情，每分鐘都是幸福、美好的感覺，是一首詩，有戀愛經驗的人都不會不認同吧。

大家只要細想一下自己的第一次經驗，像初戀、第一次出國旅行、第一次失戀、父母離世、新婚蜜

---

[110] 早期抑鬱症並不可怕，今天的治療藥物十分有效，副作用亦不多。最重要是及早醫治，因為嚴重的晚期抑鬱症會出現自殺的傾向，那才是最可怕。

[111] 參第七章 7.1，不少護士的經歷。

月、第一次遇上交通意外、第一次孩子出生、第一次置業等，留下的印象不都是特別深刻難忘嗎？

於 0→1 的放大效應下，哪怕是瑣事、小事，心理上也會造成超乎比例的強烈反應！例如，今次新冠病毒疫情中，因為無需見人，內子決定暫停染髮，頭髮便出現黑白混雜的情況；數週後的一天，她竟問我她的黑髮是否長多了。我認為這也是第一次效應，第一次看見白髮滿頭便是 0→1 的過程，毫無疑問是刺眼的，因與染髮時黑髮全頭確有極大的落差。其實，黑髮又怎可能增加？存留於頭髮中的黑色染劑會隨時間退卻，時間愈久只會是白髮愈多，怎會愈少？

她於 0→1 下，未能充分接受新的白髮形象，總想返回習慣了數十年的舊面目，黑髮便在心中長多了！小小的問題（女性可能不同意，因男女基準有異），在她心中卻起了不少的漣漪！

也記得 1989 年風波的一段小插曲，對我來說是滿深刻的，當時天安門的場面在香港的電視有大幅度直播，令人難過，香港亦出現有百萬人遊行示威。但我有一位朋友，從頭到尾都是無動於衷，我問他為何如此出奇地冷漠？他的答案竟令我吃驚：「不是這樣，會是怎樣？」對這事他不但不感到意外，倒認為是理所當然！後來才知道他是文革期間從大陸游水偷

渡來港的，這樣的畫面他見得多了，這樣的狀況也親身經歷過不少！

這兩個不同的心理反應，在圖 4 中便清晰不過。他與我有相同的現狀 X 點，但對這件事的評價基準卻不一樣，圖 4 中他在基準 B 點而我在基準 A 點。這事對我來說便出現正壓，而對他卻沒有，我感憤怒、不安，他說正常、小事而已！同時，那也是我第一次的經驗，我是 0→1，而我朋友是 1→1，他又怎會「大驚小怪」呢！

綜合來說，差距幅度與心理反應成正比，幅度愈大則反應愈大。

因此，便會有人刻意製造巨幅的差距，好帶來心理的衝擊。例如 2009 年日本文學泰斗村上春樹在「耶路撒冷文學獎」領獎大會中演講，在說到個體與體制的糾葛中，用上了一個比喻：「雞蛋與高牆」，[112]便把他要擁護弱少、鞭撻強權的枯燥政治話題，因著這強烈對比，變得深刻生動富有說服力，牽動著人的情緒，遂成為一篇雋永演講詞。真的，藝術的深度往往於強烈比對、巨幅差距下得以實現。

---

[112] "Between a high, solid wall and an egg that breaks against it, I will always stand on the side of the egg."

　　資深政治家、新任美國總統拜登明顯也是這方面的高手，他在就職演說中便用了不少的對比，拉開差距，提供聽眾宏闊的想像空間，如：「彼此不是敵人，而是鄰居。」「沒有團結，不會有和平，只有仇恨。」「讓我們敞開心靈，不要硬化心腸。」「充滿希望而非恐懼、團結而非分裂、光明而非黑暗。」「這是我們對先輩、對彼此、對後代的承諾。」等。

　　再多說一個類似的例子，我是畫國畫的，國畫其中一個最高心法是「知白守黑」，一幅好的作品除了要求有筆墨布置，尚要留白得宜，好出現強烈黑白反差、虛實互補的勢態，方能別出神韵；又，上佳的構圖分割，定必是疏處「疏可走馬」，而密處「密不透風」，這也是尋求對比、虛實的法度。為甚麼講求和諧儒雅的國畫，也有這些手段呢？藝術欣賞是觀眾主導的，能讓觀眾駐足，畫作定需有吸引力，所以越是雅淡，便越需要投進一點「火花」，才能撩動觀者情緒，產生驚喜，這是國畫一個製造差距的重要手法。

　　我常聽見年輕男士有類似的人生基準（圖4中A點）：三十歲前掘得第一桶金，三十五歲前娶得美人歸，四十歲前擁有「黃金屋」等；又有很多人新年立志基準（new year resolution）：甚麼今年要一週做三次運動，半年要減去腰圍三寸等。我都視這些為我們

小學作文課中的「我的志願」，說說而已。當然，一個基準高於現狀，比較下會帶來心理荷重，出現動力，所以最初總會嘗試嘗試；可是，若沒有認真評估過自己的條件與實況，沒有週詳策略與方法，沒有堅持、毅力的話，可以說是一個不切實際的所謂基準，或是一個自我陶醉、自覺良好的願望，想當然而已，挖苦點說只是個幻想，不科學也不實在。基準很快便會從 A 點向下滑動，比較作用消卻而豪氣又盡失，很快便愉快地停頓下來，返回原狀 X 點。

由於人的浪漫、無知與偏見，不少人把腦海中的一個隨意想像視為基準。要一個基準能從「虛」轉化成「實」，帶出實質的行動與效果，尚需下一番功夫，不可盲目樂觀，必要考慮清楚能夠成就這基準的各項條件，及制定詳盡策略與執行計劃，扎扎實實，通過深入辨證探討，有著科學與理性的支撐，不然只是一個空想的主觀願望，程式（1）在此便停住，走不下去，[113]成了「三分鐘熱度」一族！

---

[113] 一個有趣的統計，有最多加拿大人放棄實踐新年立志基準的一天為 1 月 17 日，人們叫它做「不幹了」日（National quitters day）；即立志後的第 17 天，絕多加拿大人經已氣餒，不幹了。

6.2　差距的出現速率

　　除了現狀與基準的差距幅度會引起心理荷重外，差距出現的速率也起著作用。從現狀跑至既定基準，在時間軸上，用上多少時間呢？太快，即速率太高的話，引致心理上的落差亦會巨大，出現高正壓；因為事情來得太快，人的適應力未必可以配合，當然這亦會因人而異，[114]但人的適應能力、受壓能力總有極限，超越了便會出現心理障礙的臨界點（如圖 5 所示）。

　　今次突發的新冠病毒疫情中，便有不少高正壓的產生，北美一些人便出現歇斯底里的狂躁情況，連進入必須佩戴口罩的人群聚集地方如超市、公車等，也出現不少不合情理的嚴重抗拒，如吐口水、說髒話、追打勸諫的人、甚至威脅要殺死對方等，反應過敏得很哩！世界各地疫症初期，除口罩、消毒搓手液外，亦出現有全民瘋狂大量搶購食米、罐頭、廁紙、清潔用品的情況，香港甚至發生有打劫廁紙的不理性行為；哪怕是國家層面亦是如此，豐裕如美國，在從盟

---

[114] 參附錄二。

友運送抗疫醫療用品途中，也出現有瘋狂截取的不道德行徑。[115]這全是 0→1 差距極速出現所引發的！

為爭取時間，美國衛生部於新冠病毒疫苗獲批後，便立時向民眾接種，這又產生了 0→1 的情況，遂引致分發、配送、接種上出現錯誤、遲緩、混亂、各自為政和不滿等的嚴重問題；本於 2020 年底前能有 2,000 萬人得到接種，但實際只得 20%，令人失望。事緣所採用的新冠疫苗需要低溫冷藏、注射要稀釋解凍、又要分隔兩次注射、接種時需要保持社交距離、注射後又要觀察 15-30 分鐘等的特殊安排，第一次效應下，遂弄得信息混亂、不知所措、人人手忙腳亂，有排隊等候疫苗接種隊伍長達數哩，西維珍尼亞州更發生有多名民眾被錯誤接種！[116]

到了 2021 年 3 月，加拿大卑斯省開始替 90 歲以上民眾注射疫苗，預約的電話，首日便有 170 萬通，令線路嚴重擠塞，最後只能完成 1.5 萬個預約，省長指出「這是最糟糕的一天」，[117]又是 0→1 引致大混亂、一團糟的狀況。

---

[115] 《星島日報》（卑斯版），15/10/2020。
[116] 《星島日報》（卑斯版），1/1/2021、2/1/2021。
[117] 《星島日報》（卑斯版），10/3/2021。

全因為事情需要急速面對、處理，產生高正壓下遂出現慌亂、失焦、錯誤、狂躁等心理失衡的反應，弄得人仰馬翻。

因此，面對一些突如其來的事情時，便要特別小心，尤其是事情對你來說是第一次。在 $1 \div 0 = \infty$ 下，與差距幅度一樣，出現速率亦會超比例地被放大，引致的心理壓力倍增；陌生感、無力感被放大下，便會產生非理性的反應，自然容易出現「自己嚇自己」的情況，結果是一片慌張忙亂。

更是麻煩的地方，乃此等過度的非理性反應，引致是非理性的抉擇，做出不正確的行動。像前面打劫廁紙與攔截強搶抗疫用品的例子便是；也有不少街頭鬥毆、爭執引致的誤殺，都是於怒不可歇、理性頓失下失控所做成，令當事者後悔終身。

這應是短暫抽離冷靜的時候，不好把事情急速立時辦理啊！[118]因為做錯的機率太大了。

事情的突發可出現心理負壓，懂得利用它有時也可帶來正面的好處，不少情人都懂得，例如讓對方不知情下，突然做出一些平時不會做的事情，這個突然便是差距高速的出現，造成心理震撼，怎不牽動著對方情緒？她怎不會驚喜？怎不能夠贏得她的芳心、淚

---

[118] 很多宗教鼓勵信徒在這時候禱告，便是這個道理。

水呢？香港人叫這類的做法為「玩 surprise（驚喜）」！

總的來說，差距出現速率與心理反應，亦如差距幅度一樣成正比，出現速率愈快則反應愈強烈。

特別留心巨幅差距與差距高速發生二者同時的出現，疊加效應下，人在心理適應上更易超越極限，提早出現吃不消的臨界點。典型的莫如至愛親人，遇上工業或交通等意外驟然離世，早上還是有說有笑，晚上卻天人相隔，早上說笑（基準）與晚上去世（現狀）同時於腦海中一幕幕地出現，相互比較，這樣的落差幅度既大又事出突然，怎能叫人適應？前面說過我爆血管猝死的親人，也是現狀與基準落差的幅度與出現速率同時高企下不能適應的例子。

所以，良好管理，特別是處理嶄新事宜，總應採取冷靜及較緩慢步伐，並於環節間預留足夠空間，避免因處理過速而自亂陣腳。掌握控制著差距的幅度與出現速率，將整體計劃分作若干個較小環節，好分段完成，避免產生全線 0→1 的狀況，明白「欲速則不達」，代之以 0→→→→1，才不會給自己造成不必要的心理荷重。

公司或政府要執行一些新規則/法例，一般都會事先公布，公布與執行在時間上需預留足夠緩衝，儘

可能不要即公布即執行，令員工或市民手忙腳亂，反感、抱怨。這個 0→→→1 的做法，正正就是我們常說的「以人為本」處理方法，多考慮相關人士的感受與接受能力，防止引發他們不必要的心理荷重。充足的心理準備對任何人在事情執行上絕對是需要的。

除心理上出現問題外，生理亦何嘗不是呢？有跑步的朋友都知道，若於 0→1 下，即於開始便快速奔跑，辛苦之餘呼吸亦不暢順，抽筋多會在這時候發生；若先作熱身，並有序地增速，0→→→1 下，身體會舒暢得多；到了維持著均速續跑的 1→1 狀況，更是身體最輕鬆最享受的一段哩。

大家都熟識的一個典型 0→→→1 例子：「溫水煮蛙」的故事。話說你要煮蛙，若先把水煮沸，才把活生生的青蛙放進去，青蛙會立時彈出，「痛」呀！這是 0→1 的狀況；但是你把水與青蛙同一時間以極慢火加熱，青蛙只會覺得愈來愈「溫暖」，最後青蛙熟了、死了，還懷念著這美妙「享受」！[119]

內子常在教會主日學中授課，授課前總找時間進行預習（rehearsal），我當然成為她的必然學生，這樣做法便是變相讓授課以雙倍時間進行，重覆演出下

---

[119] 這段文字「」內的形容詞是擬人法吧。事實上人與青蛙並不同構（參第九章），人很難知悉青蛙的感覺是怎麼樣的。

心理荷重便減少了。許多運動比賽的培訓與操練、友誼賽交流，音樂、戲劇表演的預演，甚至軍隊中的演練、演習等，都是減低差距出現速率的做法，雖然多花了時間、金錢，但成員遂能有充足的適應，去除了壓力，減免正式表演或上戰場時出現臨時的慌亂、失準。

不過，很多時因為人的怠惰，或不願面對，或沒有洞察能力分辨優次，很多人總把事情掃入「地毯」底，中國人稱之為「鋸箭法」，以為眼不見為淨，不去認真處理，總希望時間會自動替他們解決；誰知問題若得不到解決，只會永遠存在，嚴重性亦會不斷擴大，愈來愈難處理。我見過不少病人，總是諱疾忌醫，直到不能再等時才去就診，可惜已是藥石無靈，病入膏肓，末期了。

不但如此，不去趁早處理，蹉跎只會讓問題最終「爆煲」，爆煲實是令巨幅差距絕速出現的一個狀況，人為地引發巨大的壓力，令情緒失控，小事釀成大事。

在社會層面上，也會集體出現壓力臨界點，特別發生在一些社會/國家的制度改革上。一些改革過於草率求成，民眾心理未能充分預備，若改變幅度太大、速率過高，人民便不能適應；加上若看不見任何

正面進展的話，人民便有被欺騙的感覺，遂怒不可
遏，產生抵制甚或反抗。

舉一個著名例子，1991 年底蘇聯解體，俄羅斯
聯邦獨立，作為前蘇共的反對派，俄羅斯前總統葉爾
欽遂進行一場激進經濟改革，好從計劃經濟快速轉型
至市場經濟，希望能躋身於西方發達國家之列。於
1992 年初，一場以「震盪療法」[120]（shock therapy）
（或叫休克療法）的變革模式，便在俄羅斯全面展
開。

震盪，顧名思義便是以極短時間，強力進行全方
位的病灶根治，可惜這大手術是徹底失敗，帶來社會
真正的震盪。俄羅斯的經濟於短短一年間出現崩潰，
一年後的 1992 年 12 月，俄羅斯的 GDP 下跌了一
半，GDP 總量只及美國的 1/10，通貨膨脹下民眾生
活水平一落千丈，俄羅斯不再是超級大國。[121]這情況

---

[120] 「震盪療法」是一套針對經濟危機及經濟轉型的激進方法。20
世紀 80 年代中期於南美波利維亞成功推行。波國其時民不聊
生、政局動盪，通膨率高達 24,000%，GDP 負增長 12%，方法
執行 2 年後，通膨迅速降至 15%，GDP 增長 21%。從此「震盪
療法」逐名揚天下。（韓西林，〈俄羅斯「休克療法」再分
析〉，http://m.aisixiang.com/data/20554.html）

[121] 俄羅斯「震盪療法」分三部分於短時間內全面進行：
   1. 1992 年 1 月全線放開物價，並大幅提高公職人員工資，可惜
   大幅通膨立時出現，到 4 月，消費品價格已比 1991 年 12 月
   上漲 65 倍，6 月分工業品批發價格亦上漲 14 倍。

下反對葉爾欽者眾，最後他更被迫以武力鎮壓異見者，在 2000 年辭職時，民眾對他的支持率僅為 2%。[122]

俄羅斯這次失敗，當然可以從多個角度去理解，但在這裡我不打算過多討論這個改革的必然性、必要性等，我只從圖 4 去作有限度的分析，好說明震盪療法帶來人民適應上的問題。

1. 人民的心理落差整體落在正壓區，差距幅度無比巨大，徹底否定習慣了的既有一切，人民遂出現失焦、錯愕、無所適從，甚至失望、驚恐、憤怒。

2. 要短短數月間從現狀向極高基準上移，速率委實是空前，出現極高的正壓，加上人民對自由經濟毫無理解下，高速轉向，人民怎能配合、適應，全無緩

---

2. 財政、貨幣緊縮政策與物價改革同步出台，冀從源頭抑制第一部分引起的預期通膨，但緊縮信貸卻造成資金奇缺，引致企業間三角債嚴重，政府遂被迫放鬆銀根，造成 1992 年貨幣發行量是 1991 年的 20 倍，通膨最後不跌反升。

3. 大規模私有化國有企業，理由是要能夠從計劃經濟快速走進市場經濟，必要全面把國企私有化；當時的企業基本都是國有的，要迅速私有化，採取的手段是無償贈送，每個俄羅斯人都發給一張一萬盧布的私有化證券。無奈於 1992 年 10 月私有化正式啟動時，通貨膨脹下的一萬盧布已大大貶值，證券遂被小部分有錢人紛紛以極低價收購，最後大批國企便落入特權階層和暴發戶手中。（韓西林，同上）

[122] Zh.wikipedia.org/wiki/葉爾欽

第六章　反應的差別

衝可言，出現的便是 0→1 的歇斯底里恐慌、混亂、不知所措。

（註：「震盪療法」差距的幅度與執行速率於註腳 121 有較多的描述）

其實早於 900 年前，中國宋朝的王安石變法亦是如出一轍，新政（1169 年）於極短時間內推出，改革更是全方位，包括經濟、政治、軍事、教育等各方面統統都要改，是典型的 0→1，雖然得到神宗皇帝大力的支持，但人民無法適應，最終被既得利益者瘋狂反撲，他只當了六年宰相便無奈黯然下官而去，成為中國歷史上的一件憾事。[123]

其實，環顧今天，不少國家如法國、智利、委內瑞拉、伊朗等，因為在極短時限內增收重稅，或大幅減少薪津、福利，經濟壓力大增下人民遂極度反感，出現數以十萬計的人上街抗議、示威，要求執政者下臺。

他們的反對為甚麼會如此激烈？因為政策改變令他們擔心巨大反差的出現，帶來經濟、民生的下滑，更因 0→1，遂產生極大的正壓心理荷重，達到了臨

---

[123] 柏楊，《中國人史綱》（最新修訂本）下冊，天地圖書，香港，1988，頁 635-641。

界點，全民情緒便失控了，後果便是對國家、人民造成難以彌補的損失。

　　與此同時，也舉一個著名大相逕庭的例子，便是中國「摸著石頭過河」式的鄧小平改革，同樣也是一個從計劃經濟轉型至市場經濟的改革，不過整個過程是極度緩慢的。

　　從 1978 年到今天長達 40 多年的改革裡，總是以試驗開始、從局部開始，總結經驗、摸索前行。求穩妥，慢點走，站穩了才再踏前一步。[124]鄧小平 1978 年說：「在全國的統一方案拿出來以前，可以先從局部做起，從一個地區，一個行業做起，逐步推開。」[125]總之是「不能要求過急，……開始時步子要小，緩慢而行。」[126]如此分區、分段式的改革，每一步便成為下一步的基準，能夠有所比較、改進；加上影響範

---

[124] 這場改革，始於 1978 年的農村、企業改革，它先是找試點，以「先試驗、再總結、改進、推廣」、「踩穩一步，再邁一步」，戒絕操之過急的方式下進行。對外開放也是於 1979-80 年先從四個經濟特區（深圳、珠海、汕頭、廈門）開始，再到 1984 年才擴大至沿海的 14 個城市，然後才再慢慢向全國縱深推進。又到了 2013 年才以上海為試點開始自貿區，並 2014-16 年才加入廣東、天津、福建等的 14 個其他自貿區等，整個改革都是漸進式一步步地進行。

[125] 王達陽，〈「摸著石頭過河」的來歷〉
http://cpc.people.com.cn/n1/2018/0412/c69113-29921565.html

[126] 陳雲於 1980 年 12 月 6 日中央工作會議講話片語。（同上）

圍設限下能夠進退自如，哪怕是失敗也在可承受之內，不會尾大不掉。

哪怕到了今天，中國仍持守著這個循序漸進的管控模式，[127]不像葉爾欽的「天方夜譚式」做法，以為極短時間內可以成功。中國的人均 GDP 從 1978 年的 381 美元[128]至 2019 年的 10,263 美元[129]，增長了 26 倍；而全國 GDP 總量，2019 年已躍居世界第二位，僅次於美國了。[130]

其實，這多少也有文化基準涉及其中，中國人對改動、改變都較為保守，常有投石問路式的做法與欲速則不達的思慮，這是中國人的智慧。[131]

中國和俄羅斯都是作相同轉型改變，最明顯的差異，乃在二者的變革速度上，俄羅斯的速率超高，而中國的速率則奇低，前者是 0→1，而後者則是 0→→→→1。

---

[127] 2012 年 12 月，習近平總書記 18 屆中央政治局集體學習時指出：「摸著石頭過河就是摸規律……今天我們還要採取試點探索、投石問路的方法，取得了經驗，形成了共識，看得很準了，感覺到推開很穩當了，再推開，積小勝為大勝。」

[128] http://www.gov.cn/jrzg/2013-11/06/content_2522445.htm

[129] https://www.ceicdata.com/zh-hans/indicator/china/gdp-per-capita

[130] http://www.gov.cn/xinwen/2020-01/18/content_5470531.htm

[131] 儒學經典《大學》：「知止而後有定，定而後能靜，靜而後能安，安而後能慮，慮而後能得。」

速率與壓力既成正比，極低速率除了能讓人民對改革充分適應，心理的負面波動減至最低外，還能夠讓人充分認識、理解改革的重要性及帶來的好處，除沒有使人無所適從、不知所措外，還能讓人民可以適切配合、支持及參與。俄羅斯的高速所引致心理上吃不消，臨界點集體性地出現下，怎不發生「井噴」式的崩潰呢？

相對於 0→1 的便是 1→1，前面已多次描述過，但也有「高度」1→1 狀況的出現，指的是差距的幅度與出現速率幾乎是零，每天沒有任何波動，天天重複著昨天，出現平穩、安靜、乏味勢態；持份者高度專注於要做的事情上，而事情往往又進展緩慢，甚至看不見進度，得要長時間與孤寂、單獨、枯燥為伍，心無旁騖，風花雪月、燈紅酒綠與他無緣。不少大思想家、大學問家、科學研究者，成功都要經過如此付出與犧牲，高度 1→1 狀態就是他們能夠最終成功的要素，有人稱之為「驚人的毅力」。

著名的便有康德（Immanuel Kant）。海涅於《德國宗教及哲學史概觀》中概括康德的一生：「記述康德傳記是困難的，為甚麼？因為他沒有生活，也沒有事件。他在柯尼斯堡閒靜偏僻的小路上，度過了機械地定規差不多是抽象的獨身生活。……這個人外

面的生活，和他那破壞的、粉碎世界的思想，是奇妙的對照！……」又有人說：「康德終生恪守書齋，從未參與任何重大的現實鬥爭。縱觀其一生，學術乃是生活中第一大事，餘皆庸常。」[132]

獲得 2014 年諾貝爾物理學獎的日本科學家赤崎勇，他於 1989 年成功研發藍色 LED；其他紅色及綠色 LED 早於 1960 年已研發成功，藍色 LED 出現終可讓 LED 三原色全數到齊，致使彩色 LED 螢幕、省電長壽的白 LED 燈泡、藍光光碟等相繼出現。2010 年他一篇文章中的自白：「1981 年，當我們在一次國際會議上宣布當時非常重要的結果時，沒有任何反應。我在荒野中感到孤單……但我下定決心不放棄這項研究，即使孤身一人。」[133] 在諾貝爾獎頒獎儀式後與家人合影時回憶稱：「這是一條很長的路！」[134] 鍥而不捨的高度 $1\rightarrow1$ 下，最終出現了一座高山。

同樣，不少著名運動家、音樂家亦是，也須要經過一段長時間高度 $1\rightarrow1$ 的刻苦枯燥磨練，才能走至高峰。有人說：「球星很多技術，諸如射十二碼，都是千鎚百煉的結果，經過成千上萬次練習後，動作的

---

[132] Zh.wikipedia.org/wiki/伊曼努爾.康德
[133] 《星島日報》「卑斯版」，3/4/2021。
[134] Baike.baidu.com/item/赤崎勇

每一個細節已經鑄入肌肉和細胞記憶中，因此在比賽時往往不假思索，神經反射，一氣呵成地做出完美的動作。」[135]

我亦記得一些類似的話：「天才是不斷訓練而生的。」「突破乃從熟練中出來。」等。

動力的產生，管理學中有「甘筍與棒子」的比喻（carrot and stick），要驢子作工，不外乎兩種方法：一是以甘筍（胡蘿蔔）利誘，垂涎讓牠產生動力；一是以棒子驅打，痛楚讓牠無奈而行。前者是軟方法，後者是硬方法，兩者皆能使驢子作工。進路雖不同，但結果是一樣的，二者有著一個共通地方，就是二者均作用於比較，驢子在比較牠的現狀與基準（垂涎或痛楚）下，遂產生心理反應，出現了決定與行動。

硬方法帶來正壓，而軟方法帶來負壓。對驢子來說，都要作工，但牠產生的心理反應卻是迥異，不同心理狀態可影響著牠的積極性哩！至於對人來說，不同心態下，交給你的可以是他的心血，也可以是「行貨」！

所以，當今管理者便很注重「以人為本」的管理模式，特別在現今的激烈競爭下，公司都願意花錢在

---

[135] 蔡子強，〈超級巨星經濟學：巴治奧啓示錄〉，《星島周刊》，vol.1365，16/1/2021。

員工身上以強化其積極性，例如有花紅獎賞機制、進修深造機制、醫療保健以至娛樂聯誼機制等，「垂涎」下，他們便能產生積極性，公司競爭力遂得以增強。

6.3 逆向運作

我們說過基準與現狀出現差距，心理上便會產生正壓或負壓，相信大家都不反對吧。但這是否也會有逆向的運作呢？即若心理上有正壓/負壓出現，會否引起現狀與基準間差距的變動？其實，稍為留意便會發覺，個人或社會眾多層面上實有不少這種逆向的情況在發生。

先舉一個例子，我們常說的同輩壓力（peer pressure）便是。大家可知道第一次吸食大麻或軟性毒品，多都是在朋友聚會中。本來你知道吸食這些「物質」會上癮，是危險的，這是你原來的基準，但當大伙兒傳遞這些物質時，在朋友眼皮下，既是「朋友」，怎能把會場氣氛弄僵？莫令大家不開心下，便勉強吸了一口，不過，從此便泥足深陷了。你對這些物質的基準，那一刻便從「不可吸」低降至「淺淺吸

一口而已，沒相干吧」，這個的基準改變便是朋輩壓力在作祟。

第三章提及過教會中的衣著指引，當然這只是個別團體的基準，但有沒有想過，整個社會也有一個規範著大家衣著的指引呢？那就是時尚，或叫潮流！今年流行甚麼款式、顏色，人人都如此穿著、談論，若你不如朋友同事所穿、所談論的話，便會出現隔閡、不和諧的感覺，覺得落伍，面目無光。哪怕你所持守的基準是如何正確、合理，很快你便覺得自己的基準「不妥」，需要靠攏大家「更合理、更正確」的基準了。服膺於這個公眾壓力下，特別是年輕女士們，多會放下自己鍾愛的款式、顏色，不自覺地把自己的基準兌換成這個社會的基準。[136]

也舉我親身經歷的一個例子，70 年代大學宿舍有「玩新生」的陋習，新生到了「升仙」[137]的一夜，一班新舊生達百人左右，便興高采烈去較少宿生的另一兩間宿舍「搗亂」，以慶祝「玩新生」的完結，當然這些宿舍也會有所防禦，所以大多不得逞，只算是「玩玩」而已。但是這班人，回程路上便出了岔子，

---

[136] 又是一個個人與文化（公認）基準的矛盾。

[137] 過了這一晚，「玩新生」這活動便完結。新生們則升級為 senior，不再新了，有資格玩下一屆的新生了，是之為「升仙」。

我們竟把沿路兩旁停泊的數十輛汽車放了胎氣，路旁的巴士站及街道牌也給我們搬回了宿舍！

不好忘記 70 年代初香港的社會風氣純樸，這班學生亦是所謂的精英，屬良善勤奮的一群，但竟做出如此的流氓行為！為甚麼？我認為單獨一個人不會做，二個人亦不會做，甚至三五個人也不會做，但當時人數過百，便造成一種浩浩蕩蕩聲勢，這環境下便有自我膨脹的傾向，只要其中一少撮人出現某一個念頭並把它付諸行動的話，朋輩正壓/負壓下，其他人也會不自覺地仿效、捲入、參與。本該擁有良好公民基準的一群，便迅速陷進了暴力惡霸的基準，產生了如此偌大的破壞力。

所以在一個聲勢浩蕩的群眾示威場景下，因著某種正壓或負壓的影響，特別是受到黑夜的掩護或人群的遮閉這些環境給力，道德基準可大幅度低降，人們可由理性迅速轉為非理性，本是和平示威可輕易變成不可控的暴動，出現破壞、放火、搶劫！事前很難預測。[138]

大家或許都有過這樣或類似的經歷，人家請求你幫忙，譬如借錢，當初你會拒絕（高基準），但對方

---

[138] 其實這就是第十章 10.3 中所說的「破窗效應」，嚴格上該可預測得到的！

136

卻三番兩次哀求或纏繞你，最終你可能會借出，甚至向對方說出一番甚麼下不為例「自我解嘲」的話，實際上是在這壓力影響下，你的基準下降了。其實，不用說得太遠，看看自己，不也是在太太或孩子的不斷糾纏下，心中出現正壓，基準便大幅度自我低降，不買也買了。

再接續第五章 5.2 香港「逃犯條例修訂」的故事，這法例修訂議案提交立法會審閱後，出現一連串的社會動蕩，發生了上百萬人的抗議示威、大規模警民衝突、反對與贊成兩方爭鬧打鬥等。政府不肯退讓下，更愈演愈烈，最後雖稍作讓步，停止修例，但整個形勢已是騎虎難下，病入膏肓，民眾對政府的信任已滑至谷底，出現了眾多暴力、破壞、衝擊政府的場面。這風波持續了近一年，如此惡劣的政治環境、巨大的社會壓力下，中央遂賦予香港政府一個嚴苛基準：《港區國安法》，以茲應對，我說嚴苛，因這基準與現狀間出現的差距委實巨大！

第三章提及的政治正確，乃今天人們為了避免無日無之的爭拗，在一個本已是合宜適切的基準上，再添上一個安全係數（factor of safety），[139]以保障自己

---

[139] 加權是也。

免受麻煩、免去責任的一種手段。這樣提高基準的
「保險」做法，在政府及公營架構中最常發生。

提高基準在官員眼中是具吸引力的，本應是
$10,000 的工程，把預算提升為$12,000，便增大了迴
旋空間，不用再多傷腦筋去追求效率，況且相應增添
的人力、物力，都是來自公家大眾，對自己絲毫無
損，為何不做呢？所以一件工程、一宗採購、一單使
費，效益上總不及私營的高。又，同一屋簷下，利益
既相同，官員間一般都不會不認同這樣的做法，遂出
現官官相衛現象。所以在進步政府架構裡，必設有獨
立的審核監察部門，確保不會出現浪費與高估便是這
個道理。相反的，私人機構中，資源的運用總受著競
爭、生存種種條件所限制，迴旋空間便狹窄得多，事
事得要左算右計。

其實，趨利避害乃是人的本性，所以明白這個正
壓/負壓與基準的關係是重要的。

當然，正壓越強，現狀進駐基準的機率亦越大；
同理，負壓越強，現狀進駐基準的機率便越少。溫哥
華近十年來醉酒駕車引致的交通意外不斷增加，政府
最初採用低壓的勸籲方式，呼籲駕駛者酒後不要駕
駛，但成效不彰，醉駕意外仍然高企；最後唯有採用
高壓的懲罰方式，除罰款、扣分外，嚴重的更須停

牌、扣押肇事車輛等，壓力增強下，才漸見成效，[140] 駕駛者的基準才有所改變。雖然執行資源上是兩碼子的事，但生命可貴，還是值得的。

總之，正壓或負壓的出現與現狀進駐基準的改變，不是單向而是雙向的。前者的出現會引致後者的發生，同時後者的發生也會引發前者的出現。再看圖5，即於橫軸上某一點，可找到縱軸上相應的一點；同時於縱軸上某一點，亦可找到橫軸上相應的一點，直到臨界點為止。

6.4　有趣的心理

以下出現的心理狀況，都是一些比較的效應：

我有一位朋友身體出現毛病，跑去看醫生，做了電腦斷層掃描（CT scan），發現身上一個器官出現陰影，醫生說可能是癌腫瘤；我這位朋友立時跌進恐懼的深淵裡，不停地問：「為何偏偏選中我？」「我一生做了不少善事，竟有如此惡報？」差一點便情緒崩潰。最後做了活檢（biopsy），當醫生告訴他這腫瘤是良性，更不用切除時，他竟感動狂喜，更說那一

---

[140] 所以有人說：「人是要管的！」

刻是他一生中從未有過的開心，當天晚上即與家人到
酒家，大吃一頓慶祝他進不了鬼門關。

　　這個心理便是如圖 6 所示，先從現狀 X 點上升
至絕差的高基準 A 點後，再從 A 點下降至較低的 A'
點的一個狀況。即是先從 X 點上升至 A 點，出現正
壓，進入了正壓區，產生不快、不滿，情緒接近崩
潰；再由 A 下降至 A'，出現負壓，進入了負壓區，
產生滿意、快樂的感覺，況且脫離絕望的高基準 A
點後，對 A' 而言，A 點愈高引發的負壓便愈強，產
生的欣喜便相應愈大，他說從未如此開心過是有一定
的道理。

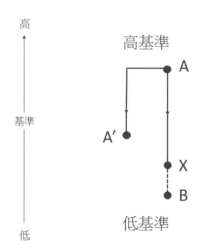

圖 6：基準的幅度運用

也聽過這樣的一個故事，不知真假。話說大陸某村被遷拆，本來村民希冀有滿意的新居安置（圖 6 的 B 點），或新居起碼能夠與現狀等值（X 點），可是有關當局不是循著村民的意願走，而是反方向而行：該村被強拆，村民被趕，村民無處容身下，唯有露宿荒野或住進豬棚，反感之極，進駐了正壓區，即圖 6 中從 X 點上升至高基準 A 點。一年後，有關當局終於交付他們居所，不過比原來的舊居差勁得多，即從 A 點只下降至 A' 點，比原先的 X 點還是高了不少，可是，他們卻滿意接受了！

　　這是一種手段，而村民被蒙騙而不自知，整個運作是先把現狀 X 升至一個極差的高基準點 A，把原本的冀望打得稀爛，然後才再下降至 A' 點，雖然仍然 A'>X，因出發點已不再是 X 點，而是新基準點 A，這時先前的 B 點已被看為不切實際，大家就不再有甚麼奢望了；再比對下任何從 A 點下降至 A' 點都是負壓，都在負壓區，不用再繼續在 A 點上吃苦，有瓦遮頭了，比對下便如上述例子一樣，開心了！

　　今次新冠病毒疫情中，也有類似的情況出現，香港政府在疫情最高峰時曾一度禁止食肆晚上堂食，晚上六時後晚市只能外賣，帶來市民極大的不便，市

民心理從疫前的 X 點升至 A 點。一段時間後疫情稍緩，禁制時間遂由晚上六時改至晚上十時後，市民即時欣喜若狂，哪怕還是限制著二人一桌，總要「豪」食一番，A' 點遂大幅下降至比 X 點還要低，一般中式酒樓晚市生意驟增，出現了短暫所謂補償式的「報復性消費」！

　　第一章中所說「開天殺價，落地還錢」的大幅度討價還價手法，不也是這個心理的運用嗎？你不見與事者離去時，不都是心滿意足地大家說再見嗎？其實，類似手法是不少的，例如出名品牌商從不平賣她的商品，但又要在市場保有競爭力，手法便是平時維持賣價 A，但年中卻有若干次不定期的短暫優惠，減價至 A' 作為所謂的回饋顧客，這樣一年中便有讓顧客生發多次負壓，維繫著顧客的滿意度，競爭力在高賣價下仍能保持了。

　　著名的斯德哥爾摩症候群[141]的心理狀態也可以圖6：X→A' 模式作合理的解說，也請讀者嘗試自行拆解，作為一個練習吧。

　　除了基準幅度運用外，當然也有基準出現速率的運用手法。舉例，加國三級政府[142]選舉，任期均為四年，競選後，當選者從不急於把選舉中對選民的承

---

[141] Zh.wikipedia.org/wiki/斯德哥爾摩症候群

諾盡快實行，好造福民眾，而是把承諾留待下屆重選前一年半載內才一浪緊接一浪地執行、推出，好在選前營造一連串項目的高速發生。承諾除能兌現外，成績集中於短時間內實現便令差距出現速率增高，讓選民印象深刻，遂增強對選民的吸引力，選民再投票給他們的機會便大大提升了。

這種增強下屆選舉吸引力的擠壓時間手段，個個議員都是如此做，選民也沒他們奈何！

事實上，擠壓時間手段，不少地方都有直接或間接的應用。例如良好管理裡，都有把每一件工作訂下完工的「死線」（deadline，即限期），便是擠壓時間的間接應用手法。試想若沒有死線，人的惰性下，多會拖慢工作進度，出現擱延；（不對！沒有死線，何來擱延？）有了死線，雖然仍有怠惰拖延情況，但起碼臨近死線時，因著差距出現速率的提升，當事者在產生較大的正壓反應下，無奈地也得努力，好於死線前完工！

說到人性的好逸惡勞，有很多精明管理者，往往除了瞭解員工的能力並交付他相稱工作外，亦能為員工設定一個要求稍高的工作基準，如此便能讓他停駐

---

142 政府治理分三級，分別由聯邦（federal）、省（provincial）及市（city）去負責，各有分工。

在一個具輕度壓力反應的正壓區內，除任務得以完成
外，於無暇怠惰浪費精力與時間下，亦能讓他自身有
所成長與進步。

第七章　時空的影響

7.1　基準的變易

第六章 6.3 提及過的逆向運作，指出除基準與現狀出現差距會引致正壓/負壓反應外，正壓/負壓反過來亦可引發基準與現狀差距的改變。有一句話便說得清楚不過了：「戰場上沒有無神論者。」因為在戰場子彈橫飛處境下，無人知道下一秒是生是死；在生死完全不在自己掌控的壓力下，一個無神論者也會求告神，叫子彈不打在自己身上。這一章便在這個基準變易方面作更詳細的討論。

還記得香港初有地鐵時，車廂有六節，當時我們都說它長；其時在市區行走的只有公共汽車、貨車與房車，與這些交通工具比較，地鐵車廂便頗長了。移居加拿大後，才驚覺真箇長得很的交通工具乃是加國的貨運火車，車廂達一百多節，香港地鐵便成了我眼中的玩具，基準隨著我閱歷增多、眼界擴闊而改變了。

　　又，香港寸金尺土，人口密度是世界首位，居住單位狹小，家具以至家居用品都必須是細小的，以節省擺放及儲存空間，最大的牛奶、果汁飲品都不超過一公升，食米包裝也多十公斤以下。移居加拿大後，發覺這地方甚麼東西都是巨型、重型的，好像進入童話世界的大人國般：屋大、車大、牛奶大（四公升的包裝）不在話下，連這裡的水仙花，也比香港的大兩倍多。不過時間久了，對這些東西的尺寸，反而漸漸視為正常，回港省親時，覺得香港的東西實在袖珍，這感覺在香港未移民前完全沒有呀！我的量尺慢慢地隨環境改變了，產生新的基準。

　　若一個人要在新環境中生活的話，存在於那新環境的基準便不可能不影響著他固有的基準了，因為他的基準與周遭大眾的基準迥異的話，他便會被人投以奇異眼光，說三道四，甚至排擠、欺凌、杯葛。所以「近朱者赤、近墨者黑」，環境就是個人基準的染缸！要在群體中生存，惟有降伏於大眾的基準下，慢慢地個人基準便被取代、消弭了。這便是第四章中所提及文化基準下，個人基準難以不受影響的理由。

　　在加拿大的移民朋友中，不少飽學之士，初抵步時總歡歡喜喜地去找一份與他專業相關的工作，怎料半年、一年，發出的求職信總是石沉大海，幸運的也

許有三數次面試機會，但總是失敗告終。慢慢地，他才明白這裡僱主總要求僱員具有所謂的「加拿大經驗（Canadian experience）」，但無法在本地工作，又何來加拿大經驗呢？最後意志消磨下，為求得到一份工作好滿足這奇怪的要求，他只能大幅度低降自己的基準，不再告知對方他具甚麼博士、工程師、會計師等的資格與經驗，務求獲得「加拿大經驗」，哪怕是酒家接待、剪草清潔的工作都沒所謂了。這屈就是服膺於時空環境的需要，為生計，唯有接受「龍游淺水遭蝦戲、虎落平陽被犬欺」這殘酷現實生發的新基準。

又，我童年時，社會上常有迫良為娼的事件發生，其時女性較看重貞潔，要受害女性操皮肉生涯總不容易，黑社會的手段便是先把她們強姦了，好使她們的貞潔基準徹底崩潰，高的道德基準被壓平消弭下，操這種生涯也就沒所謂了。這當然就是持份者經過強烈的 $0 \to 1$ 衝擊後，再發生的已是麻木的 $1 \to 1$ 過程，出現了新的基準。

許多嫌惡性行業中，為了生計，從業者只能硬著頭皮去更易自己固有的基準，否則便只能辭職離去。有護士告訴我，訓練期間，最難過的一關，便是第一次遇到病人死亡，或是第一次的屍體處理；首次發現人的脆弱、死亡的真實與人生的無奈，情緒上總出現

不少負面衝擊，有人會流淚，也有人會數天睡不好、甚至失眠。不過這情況會隨著更多經歷而習慣了，或說適應了，這種改變，又是典型的先 $0 \to 1$，後 $1 \to 1$ 的狀況！

最新的例子又莫如今次疫情中，人們對病疫的反應。在溫哥華的疫情前期（2020 年 3 月），每天只有數宗確診，最多也不超過十宗八宗，各人都願意留在家中，街道上空無一人，人人害怕。但到了 11 月，出現第二波疫情，也發展到每天確診六百至九百宗，但人人似乎都不再害怕，像麻木了一般，很多人駕車外出，滿街都是人，安全基準大幅下降，回復了疫前水平，又是典型的先 $0 \to 1$，後 $1 \to 1$ 的麻木狀況，有人說這是「抗疫疲勞」，實也是這個基準的改變。

若環境與引致個人改變的經歷穩定下來，感覺與反應方面的波動便會大幅減少，出現麻木狀態，是為習慣了、適應了！或說得漂亮一點：成長了！

只要看看你的小朋友便知道這道理，老師是權威，還是父母你呢？小朋友聽從你的基準還是老師的呢？因為小朋友與你相處的時間比老師長得多，他太懂得你是誰了！你的一切他都習慣了！這便是「本地薑唔辣」的現象，見慣見熟，權威被熟稔所淡化了，

或如人們所說的「疲勞」了，難怪耶穌在祂家鄉也不被人尊重，因為家鄉的人都熟悉祂哩！[143]

這些都證明基準會隨環境、個人經歷、時間轉移而生發改變，出現一個對你來說更為「合適」的基準，對事情遂產生與前不同的評價、理解，以致生發與前不同的心理荷重、情緒反應。不過話說回來，有些基準倒無比牢固，不易更易，例如自小培養得來的「媽媽味」、「家鄉味」等便是。

這個媽媽味如此牢固，皆因是通過長期沉澱，從小養成。孩子如白紙一張，他當然不知道此等基準為何物，只因與他最親密的父母是孩子的當然學習對象，父母的基準自然便成為他的基準了。父母愛吃這些，孩子不懂得有哪些，更難說該是哪些了，除非那是違反他的天性，如孩子天性愛玩，你叫他不要玩，他便可能不開心、抗拒。所以，父母的一言一語、一舉一動都是他長年的學習材料，都會成了他牢固、不易改易基準的參照了，身教如此重要便是這個道理。

孩子漸長，他需要更多的學習，以增強他多方面的能力與知識，學校教育與環境熏陶便十分重要，好培養他各方面的優質基準，或說高的素質。中國古代便有「孟母三遷」的佳話，今天香港也有「贏在起跑

---

[143] 《聖經》，〈馬可福音〉，第 6 章 1-6 節。

線」的做法，父母不惜工本也要把孩子放進名校中就讀。

　　不好輕看這種做法，二十世紀初，日本孩童便被灌輸中國人是極低等人種，豬狗不如，[144]殺他們是無罪的意識；在第二次世界大戰期間，日本軍人對待中國人極度殘忍（如南京大屠殺），便與此有關。[145]今天香港「逃犯條例修訂」風波後大力推行「愛國教育」，也是這個道理。

　　第二章亦提及巨大正壓/負壓下，像瀕死大病、天災人禍、至親離世、財富一夜頓失或投進宗教信仰等，都會出現基準上劇烈的變動。這種震撼性經歷、心靈的絕望，可會引發深層次的思想衝擊，生發厚重的自我檢視，反思過往一切，讓人質疑以往的價值觀、信念，警覺到現有基準有巨幅修正、更易的必要。

　　例如基督教信仰，便有所謂「重生」現象。中國資深傳道人王明道如此描述這樣基準的改變：「……他一得了重生，立時就顯露出一些特別的現象；他的心思、意志、願望、生活、言語、行為上都與以前大不相同，他的人生有了一種空前的改變。這種改變他

---

[144] 參第九章有更多把該是同構的人視為非同構的例子。
[145] 歐偉長，《談理想》，白象文化，台中，2018，頁 69。

自己看得出來，認識他的人更看得出來。……愛罪一變而為恨罪，喜歡人的稱讚一變而為喜歡人勸責，自私自利一變而為愛人如己，貪戀世界宴樂的人一變而為追求天上應許的人，厭惡《聖經》的人一變而為愛慕《聖經》的人，喜愛結交世俗朋友的人一變而為喜愛親近聖徒的人，不信神、遠離神、褻慢神的人一變而為信靠神、敬愛神、熱心事奉神的人。這些改變中更重要的改變，乃是裡面的改變，乃是生命上的改變，惟獨這些改變方能證明一個人是真得了重生。」[146]

很多東西、事情都會隨著時間流逝而出現變異，基準當然亦不例外。若定準是建基於一個極容易受時間影響的基礎上，基準變動緊貼著時間所引致的變化便是合理不過了，所有關涉利益的基準盡都如是！

舉例，我們買賣股票，總要有一個買賣基準，但這基準從來不可能是固定的，總與不停地變動的股票走勢、市場氛圍、公司表現、世界經濟勢態，甚或內幕消息等多個環境因素掛鉤。你獲利的意圖既被容易變易的東西牽動著，要攫取最大利潤，不斷「靈活

---

[146] 王明道，《重生真義》，宣道出版社，香港，第 16 版，1991，頁 26，32-33。

地」修正你的基準便免不了，出現了今天買、明天賣，或上午買、下午賣的現象。

再舉一個更明顯例子，便是賭博。在賭桌上，何時收手這基準總會拿捏不定，每每收手基準並不能事前設定的，直至……人貪念的緣故，不論輸錢、贏錢，你的收手基準總會不自覺地不停移動至更高點，你會合理化這移動為「既贏了，需乘勝追擊，手氣暢旺下不充分把握好運氣是多愚蠢；輸了，誓要追本，有賭未為輸，總不相信運氣會持續差勁。」賭場中難以收手，因收手基準是浮動的，直至口袋的錢歸零你才會無奈離去。進入賭場前意志定下來的限注基準、收手基準全不中用，「口袋的錢歸零」才是你收手基準！亦是唯一的，可憐嗎？可怕嗎？

說到貪念，想再一次強調不少基準上改易，特別是利益、物質性的，都與它有著關聯。有人以賺取100 萬元為其人生基準，達到後他會以 300 萬元為其新的基準，再達到後他又會以 1,000 萬元為其更新的基準……無厭慾望推動著基準無止境地膨脹、提升，就像小孩子把海水灌進他在沙灘挖下的小穴裡，永灌不滿。說得漂亮，是一個進取的人生；說得難聽一點，這只是不停追逐金錢的人生，被貪愛金錢的心牢牢轄制著！

一個例子，被譽為亞洲第一富婆的龔如心，便有著不可理喻的「進取」心態了。陳振聰撰寫的〈聰心說〉[147]有這樣的敘述：

兩人（龔如心、陳振聰）在候機室見面後，如心嫌餐廳太貴，要他登機後才吃……（註：他們坐的是經濟艙）[148]。

當空姐向乘客派發燒雞餐，由於陳振聰不吃禽類，如心表示這位先生身體對禽類有敏感，可否提供另一份食物，空姐回應可以，並準備拿走陳振聰的燒雞時，如心笑道：「方便留給我吃嗎？」空姐答應。

空姐後來拿來一份牛扒表示：「真對不起，我們只有燒雞餐，現在只可以弄來頭等艙的牛扒，希望你們不要介意。」振聰最愛吃牛扒，當然高興，正想道謝時，如心卻在背後拍了振聰一下，示意他別說話。然後如心淡然地說：「不介意，都是一樣的，謝謝，但那些燒雞有點硬，介不介意，方便給我一個泡麵？」空姐立刻同意……

當如心發現泡麵挺香時，又對空姐說：「有早餐剩餘的火腿嗎？」如心在空姐走後表示：「看你肚子

---

[147] 《星島日報》（卑斯版），8/10/2020。

[148] 落這個備註，想指出這與第一章比爾蓋茨買漢堡飽的例子相同，如此基準不適用於他們這樣的有錢人。

這麼餓，我想讓你多吃一塊牛扒，是（早）知道短程機那有早餐，你以為我傻子啊！……」振聰追問：「那妳又問有否火腿？」如心不屑說：「你真是傻得可愛，難道問人有沒有牛扒那麼貪心麼？有都不給你啦！」未幾，空姐捧著泡麵來並說：「我們沒有火腿，但就有多一份牛扒。」振聰最後全部吃光。（註：他們倆該吃了兩份燒雞餐、兩份牛扒、一個泡麵。）

如心在回港航機上指：「洗手間內有很多濕紙巾，我衣服沒有袋，你口袋多，不如你入去拿。」振聰取了二十塊，如心卻嫌這麼少，「你有沒有找清楚？去其他的廁所繼續找。」振聰再找來一大包沒有拆開的濕紙巾，並對如心說：「這一次收獲豐富了！」如心便在振聰臉上親了一下，以示獎賞。

這故事有趣嗎？不好忘記她擁有逾八百億港元的財產！她對金錢的基準比我這類窮光蛋還要低呢！

在這裡也想舉一個或可茲對比的例子，便是《聖經》中膾炙人口的故事：耶穌擡眼看見有錢的人把奉獻投入奉獻箱。他又看見一個窮寡婦，投入兩個小錢，就說：「我實在告訴你們，這個窮寡婦所投的，比眾人投的更多。因為這些人都是把自己剩餘的投進

去作奉獻，這寡婦是自己不足，卻把所有養生的都投進去了。」[149]

兩個故事比較下，說明了對利益基準的看法，很多時還是要看看心的大小，而不是口袋裡錢的多少！

該已說得清楚吧：個人基準絕非一成不變！在不斷變更的時空大環境下，多多少少總會有所改易，以配合環境的需要。當然不同的人，在改變的程度上是有分別的，有些人會頑固些，不易更易；但有些人則相反，容易妥協，不會堅持。

所以，個人基準可說某程度上也受公認（文化）基準影響著，因為個人若不能服膺於社會上公認基準的話，勉力堅持，他在這個社會中的生存機率便會下降，謂之「適應不了」！

總而言之，個人基準的組成，外以教育與環境熏陶為經，內則以個人素質、條件、立場、價值觀等為緯，是二者的結合。

我們有一句說話：「如入芝蘭之室，久而不聞其香；如入鮑魚之肆，久而不聞其臭。」正好說明人的嗅覺基準亦能夠調整、更易，或升或降；所以環境除影響心理方面的基準外，亦影響人一些生理上的基

---

[149] 《聖經》，新譯本，〈路加福音〉，21 章 1-4 節。

準。所以運動員體能與技巧方面高基準的達成，便與長時間訓練這環境因素有著不可分割的關係。

也想說說我的經歷，我定居溫哥華已 20 多年了，明顯看到自己身體冷熱基準的改變。20 多年間，我從怕冷變為怕熱，除了年紀大了外，住屋還是那一間，體重還是那個體重，但冬天夜間（平均溫度接近攝氏零度）睡覺蓋的被子，卻從初期厚厚的棉被改為薄薄的毛毯了，有時還會出汗哩！不單我如此，這裡主流人士，很多時冬天還是穿著單衣；偶然看見一些非洲新移民，夏天（攝氏 15-20 度左右）仍穿著羽絨大衣！因原居地是熱帶氣候，他們身體短期內尚未能作出改變，我們給他們一個美麗稱謂：「熱帶魚」！

所以環境的改變，除會改變心理上的認知、喜好、意識等各基準外，有時還會改變生理上的基準！

7.2　恆守與變易

說到這裡，想弄清楚兩個相悖概念：「利害」與「是非」，一件事情你要去支持或反對，你會用一個甚麼基準去作支持或反對的判斷，很多時取決於基準

的前設像你的終極價值取向，或如前面所說你心的大小，即你所關懷的是物質還是精神？考慮的是長遠還是短暫？眼光放在自己還是眾人身上？換句話說，你關心的是利益（自己的）還是原則對錯？你要的是口袋滿溢還是內心的充盈？

所以量度一件東西，如第二章中所說，不同取向、理念、價值觀、喜好、性格、立場、年齡等的人便持不同的尺，這把尺完全是你個人的化身，你是甚麼樣的人，便擁有一把甚麼樣的尺：是長的還是短的？可伸縮的還是不可伸縮的？當然，事情的去留、東西的選取、建議的支持或反對，使用不同的尺，便生發不同的結果、答案。

今天做假事件頻生，有三聚青銨、孔雀石綠、蘇丹紅等致病添加劑，也有地溝油、假雞蛋、假髮菜、假醬油等不少的做假案例。做假者用的尺是功利的尺，建基於利害，為著自己能賺更多的錢，得著更大的利益，人家的健康便不在考慮之列，賣者去也。良心商人或真正的食品製造者持的是道德的尺，建基於是非、原則，食物是為健康，危害人家的健康便是錯、不道德，良心不好過。

不同的關懷、取向、價值觀等當然得出不同的基準，但涉及的總離不開是非與利害兩大範疇，不過這

兩大範疇下的基準在異化或改變速度上卻有差異。因為是非性質上是道德性，不容易更易，例如殺人是錯這基準[150]不會隨時間、環境的改變而更易，故是「恆守」的；相反，利害性質上是功利性，趨利避害說明它會隨處境的改變而出現調整，故是「變易」的；或說前者的尺長短是固定的，而後者的尺是可伸縮的。

還記得 1989 年風波，香港很多人都上街示威，反對武力鎮壓。這些人中，有持原則的尺，是就是是，非就是非，所以他們到了今天還是持守著當年的看法、立場，仍然譴責這事件，始終如一；但也有人持功利的尺，因著今天政治氛圍改變了，趨炎附勢下，遂從當年的示威帶領者，轉身為說出「拋掉從前的包袱，向前看！」或「這事件從來都沒有定性，我們反對些甚麼？」的人。

這類追求權力、利益的人其實是不少的，今天政治家多的便是這種「雙面人」、「變色龍」、「牆頭草」、「見風駛舵」者，今天的承諾，明天便忘記得一乾二淨，出爾反爾，全因為他們定準都是建基於利害之上，利害既正如股票價格一樣，隨著時間波動，所以今天說這、明天說那便正常合理不過了。無原

---

[150] 任何事情都有例外，如戰場殺人、自衛殺人等。不過這是另一議題了。

則、無底線，改變立場乃輕而易舉之事，他們稱之為吃得開！正所謂「君子不吃眼前虧」、「識時務者為俊傑」、「君子不立危牆下」、「良禽擇木而棲，良臣擇主而事」，好一個「八面玲瓏」、「能屈能伸」的「智者」啊！

「今天的我打倒昨天的我」乃是靈活的表現，何來尷尬？「有奶便是娘」乃是聰明的作為，怎會羞恥？今天的世界已是唯利是圖、功利掛帥的世界了！功利基準旗幟飄揚呀飄揚，功利基準萬歲！萬歲！萬萬歲！

能夠始終如一的，實緣於其基準具恆守性，他們都是能持守良知、道德高尚、[151]心中富有的人、是非主義者，特別是具信仰的，因道德、良知、忠誠、離惡是信仰的核心，實不容易改易；更緣於除自身意志外，還有背後「他力」的扶持，堅信下向壓力折衷、妥協遂不容易出現，例如，加拿大一些宗教至今還多有反對同性婚姻的便是，哪怕同性婚姻已是全面合法多時了。

利害與是非既相互矛盾亦相互排斥，正如 5.2 相互矛盾的一國兩制一樣，雙方的持份者絕不容易合作、共事，相異的反應、答案、看法下，必導致張

---

[151] 註腳 31 中的伯夷叔齊便是上佳例子。

力、爭拗、衝突，合作、交心不了，便不足為奇，正
常、合理不過呀！不正正就是中國人所說的：「道不
同，不相為謀！」

　　另外，長期沉積而成的基準亦不容易更易，恆守
性高，前面說過的家鄉味、媽媽味便是例子，這味道
伴隨著你長大，你能忘掉、離棄它嗎？你叫四川或湖
南人不吃辣可以嗎？我有移民的朋友，每次返港探親
時，下機第一件要做的事，便是跑去吃廣東式的滷水
牛雜，他說這是返港第一要義；內子每次外出上館子
吃晚飯，下單定要叫她那從小吃到大的豬肉餅，此菜
不能缺，她百吃不厭！

　　又如大陸經濟改革歷經 40 年，民眾生活已大幅
改善，購買力亦倍增，但民間仍流行這樣的一句話：
「有錢沒錢都是買最便宜的。」舊有的節儉基準，還
沒有跟隨錢袋子而作出相應調整，它具頗強烈的恆守
性，皆因中國人朝不保夕的窮日子委實太長了！

　　長時間沉積而成的基準既是極其堅實，恆守性
高，故此長者移民，便比年輕一輩困難得多，兩地文
化基準差異大的則更甚。我見過不少跟隨子女從香港
或大陸移民至北美的長者，他們多不快樂，因為長者
在不少生活基準上都難以改易、調整，遂無法融入適
應。

公認基準何嘗不也是隨時代改變而改變，舊有未能滿足新的需要下，更易、修訂以致全新基準的出現，也是必然的；特別在今天自由開放、後現代主義多元化氛圍下，事物改變之快實令人咋舌，哪怕是恆守性高的道德基準，從前要數世紀才會發生的改變，今天在短短十數年間改變便能出現，生發不少嚴重的代溝問題。[152]

在加拿大我也見證一些快速文化基準的變更，20多年前來到溫哥華，同性婚姻、大麻吸食是不合法的，許多人亦反對；但現在都合法了，有右派黨領在 2019 年的總理競選上開示他反對同性婚姻的看法，便被不少人揶揄攻擊。今時不同往日了，道德方面的基準於全世界中已下滑了不少，多多少少出現了崩潰傾向。

不過，公認基準，以至文化基準總比個人基準牢固，皆因個人基準的改動只涉個人，而公認與文化基準卻關涉大眾，要眾多的人都能改變確實需要一段較長的時間。

新的基準出現後，並不代表所有人都會同一時間接受及適應。前面所提及封建的印度種姓階級制度，雖然法律上已於 1947 年被廢除，但種姓與賤民通婚

---

[152] 參看第四章 4.1，同一時間內出現婆媳不同的育兒基準。

仍被視為大逆不道，不能接受，這制度對弱勢階層的歧視，在廢除了 70 多年後的今天仍然存在。

　　這裡，也想多點介紹這制度的頑固、蠻橫性。在加拿大華裔監獄法官徐明耀的訪問中，他舉了一個在監獄中的例子：「多年前一名溫哥華印度裔社區頗具知名度的宗教領袖，因為不滿女兒嫁給一個低階級的男子，竟在婚禮當天送上一個裝有炸彈的禮物給女兒和女婿，當場炸死了兩人。這名宗教領袖被判終生監禁（實質為 25 年，因坐牢 25 年便可申請假釋）。他在獄內每日讀著宗教經文，至今從未對殺人感到後悔，仍認為那是捍衛家族榮譽必須要做的事情。在獄中他還保持著濃厚的階級觀念，每次有人來探監，別的獄友都是快步來會見探監者，他則是先向獄警打聽誰來探監，身分地位和他一般高的，他才會快走出來；身分地位低的，他會刻意讓探監者等好一陣子。」[153]

　　中國的重男輕女亦何嘗不是？中國大陸雖已早於1950 年立例（《婚姻法》）執行男女平權，但一般民眾對這公認基準的接受程度卻不一樣，例如及後1979 年的一孩政策下，人們為了要生個男的，不少

---

[153] 〈法官徐明耀暢談「監獄風雲」〉，《星島日報》（卑斯版），4/5/2021。

女的便被打胎生不下來，哪怕生了下來，也出現眾多棄嬰、殺嬰的情況，以致今天大陸出現了男大幅度多於女這個後遺症！[154]這些都說明文化基準的生命力有時是多頑強、可怕！一個嶄新基準要人快速遵守，除非以極強力施壓，很多時只會把舊基準推向「地下」而已。

---

[154] 男女比例：國際是 103-107:100；而中國大陸卻是 130:100。大幅度不平衡下，不少男士便無法組成家庭，並產生不少相關的生理需要及娼妓等問題（〈中國之人口政策：一孩政策〉香港中文大學，香港）。http://cuhk-cusa.com/stot/STOT_Report_---_One_Child_Policypacera.pdf

第八章　合宜基準與超越式基準

8.1　合宜的基準

　　純科學，不論是物理、數學、化學等，多存有絕對性，故有定律、定理等的基準出現，例如愛因斯坦的能量與物質置換 $E = mc^2$，直角三角形的 $a^2 + b^2 = c^2$，鹽的生成 $NaOH + HCl = NaCl + H_2O$，絕對零度 $= -273.15°C$ 等，去到世界任何地方，都不會改變。但在人文、社會科學上，有關的基準則少有絕對性，第二、三章的個人基準、文化基準，以至這方面的公認基準大都是相對的，你我可以不同，地方與地方可以不同，國與國可以不同。既缺乏一個絕對正確性，只能評價其相對的合宜性或合理性而已。

　　先說初移居溫哥華的一個小小笑話，大家都知道香港人的身形偏瘦而北美的則偏肥。我與一位香港來的朋友到圖書館借書，借書期間朋友想向管理員表示一點關心，竟問管理員她有多少個月身孕？管理員一

面錯愕說沒懷孕啊！當時大家都十分尷尬。明顯我這位朋友以為香港的基準也適用於溫哥華，當然這香港的「肚子基準」在北美便絕不合宜了，只顯示她對北美這方面的無知。

　　某電視劇中有頗可笑的一幕，話說一間健身房裡，有二個互不相識的人並排在使用跑步機。一個身形健碩，動作矯捷，叫甲；另一個身形瘦弱，手腳有點呆鈍，叫乙。他們一同起步，最初大家像是熱熱身的樣子，都跑得不快，慢慢甲開始把跑步機加速，乙看著，也跟著加速；一次、二次，都很好，沒問題，甲第三次加速，乙開始有點氣喘，但也跟著加速；甲再第四次加速，見他跑得輕鬆，乙有點不服氣，不可丟臉下，也要加速，跑了不久，乙便從跑臺跌下來受傷了。

　　當然我不是評論劇情好笑與否，我只想問：甲的基準對乙來說是否合宜呢？乙用了甲的基準，卻不具備使用甲基準的條件，他使用的基準對他來說便是一個不合宜的基準，乙受傷也是必然了。

　　類似這樣沒有考慮基準合宜性的「一概而論」處理方法，不也是在日常生活中經常發生的嗎？嚴格來說，每一個基準都有其適用範圍，不理會這範圍，視它像具普遍性那樣子，以為可適用於任何人、任何時

第八章　合宜基準與超越式基準

空環境，很多時便會弄得啼笑皆非或焦頭爛額！前面我朋友的尷尬例子便是。

又譬如今天很多人都知道要身體健康，便需多做運動，如前面第五章 5.1 所說的「一周三、四天帶氧運動，每次 30-45 分鐘」便是公認的基準，但亦如上面乙一樣，不少人卻不深究這基準的限制，只是一刀切地應用，不問它對自己是否合宜，哪怕有心血管系統毛病，仍勉強自己作連續 30-45 分鐘的劇烈運動，不少在運動場上猝死的，都與此態度有關！

還有不少不合宜（相對現今的基準而言）的基準，哪怕到了今天仍頑強地被奉行遵守著，其實正正就是這個固態一刀切的態度，特別是中國人的尚古心態，不問適用於現今時空與否，總之凡「老祖宗」的，都是「好東西」！不問好歹，總之就是要守著，無意識地守著。例如，中醫藥中凡古方必是最好；工藝中如造紙、編織、印染、製醬、釀酒等，凡古法都是最好；手藝上凡老師傅必是最好；繪畫、書法必先臨摹古人，因為凡古人的都是最好；中國社會、政治最佳的時候必是上古三皇五帝時代等等，不少這些基準現今還是合宜嗎？不需說得太遠，今天我聽得不少的還是有：「從前這些那些都比今天的好，今非昔比啊！」真的嗎？

又，我們還有絕不合時宜的男尊女卑基準也是：技倆傳授便是傳男不傳女；村落的土地權只賦予男丁（直至今天的香港仍是）；分家產亦只有男的才有份，因為女的嫁人後便成「外姓人」了；男的才有機會上學（今天該沒有了，但我父母的一代仍是），因為將來既要嫁人做人家媳婦，花錢栽培只是益了外姓人吧等等。所以不問女的是否天資聰敏，對家庭、族群是否有貢獻，在有男孩的家庭中，女的只能靠邊站！

這類超穩定的一刀切，任何時空改變都動不了它分毫，因其有封建社會土壤與生態支撐著。封建頭腦造就了僵化、不合理的基準，哪怕這些基準只會窒礙社會的進步與帶來人力資源的浪費！印度種姓制度便是另一個例子，雖已是不合法了，卻還能在不少的情況下暗地裡存活著，只是披上了一件隱身外衣，真身還在！

哪怕是今天高度科學掛帥的行業，也有不少一刀切情況。舉一個例子，對於地表下挖掘或地基建造，周遭的樓宇及設施發生沉陷是無可避免的，所以在施工前需訂定一些停工的沉降基準，超越便需停工加固，以策安全。近年香港的地鐵、輕鐵建造在這方面便鬧出了不少風波：工程被喝停，因毗鄰建築的沉降

超越訂定的基準；為要復工，停工的沉降基準卻需要不斷放寬更易。因此，除造成工程延誤外，有關當局更被批評為求復工竟不斷更改停工基準，揶揄為「搬龍門」。

其實這可追索至香港政府屋宇署《作業備考》中訂定的 20mm 停工沉降基準，[155]它著令任何工程若使周遭建築物超越這沉降基準的話，工程須馬上停止。在我看來，這是一個無差別一刀切引發的問題：其一，能大範圍涵蓋各類型建築與工程作業方式，若要確保毗鄰建築絕對的安全，基準必然要保守，相對頗大部分的工程來說，這數值是不合理地偏低；其二，當中不少車站要不斷更改這個 20mm 的停工基準，說明了其適用範圍確實極為狹窄。最戲劇性的莫過於毗鄰輕鐵「天榮站」的地基工程，最初停工基準當然是這 20mm 的「硬目標」，隨著該站出現大幅沉降，停工基準便一下子大幅修改為 80mm，好可以復工；但沉降還是持續，最後更要改為 150mm，令人傻眼，整個地基工程更因此停工近一年。

---

[155] https://www.mtr.com.hk/archive/corporate/ch/operations/list_of_monitoring_points_ch202003.pdf；
https://www.bd.gov.hk/doc/en/resources/codes-and-references/practice-notes-and-circular-letters/pnrc/Pnrc14.pdf

有關當局在接納這 150mm 新的停工基準時，才指出天榮站原來位於厚厚的鬆軟淤泥上，沉降幅度定必較大；[156] 有關受影響的車站月臺及路軌，其整體結構亦可承受較大的沉降而不足以構成安全風險。總之，使用 20mm 這個低值的基準對這項工程來說，安全是必然的，只是不必要的停工也是必然吧！這基準對它可說是不合宜了。

　　做地表下工程的人都知道，沒有兩個地盤是相同的，所以事前都要做詳細的探土、採樣、評估，才能斷定可能出現的沉陷是多少，對周遭樓宇與設施可能的影響是甚麼等，絕不能夠貿然找一個基準，便一刀切地應用，而政府亦不能一概而論硬性規定所有工程都要遵守一個單一基準。相對於天榮站的情況，此等做法可以算是不合宜、不設實際，發生的大幅超支、公關災難、有關當局聲譽嚴重受損等在我看來是該可以避免的！

　　有很多事物的評價，可以有一個以上的基準來判定它的好壞、對錯。例如，第五章中的健康基準便有二個，從「因」的向度看，有 A'；從「果」的向度看，有 A"。A' 與 A" 均是獨立的，能各自達到相同的評估——健康與否。不過，有些具多個評價基準的

[156] www.hk01.com/社會新聞/327115

事物，卻不能單獨地便可充分釐定該事物的好壞、對錯，特別是那些用上不同的基準，可得出完全不同答案的事物！

例如，評價中國大陸的富裕狀況，若用整體GDP，得出她是世界第二大經濟體（2020 年整體GDP，美國：中國 = 20.93 兆：14.7 兆美元），屬富裕級別；[157]但用人均 GDP，得出美國富有程度是世界第 5，而中國則只是第 59（2020 年人均 GDP，美國：中國 = 63,000：11,000 美元），僅屬中等級別。[158]究竟這兩個基準在最惠國待遇這議題上，那個才是合宜？便人言人殊了。在發達國家向發展中國家提供優惠這事情上，很多人對中國究竟是發達國家還是發展中國家便出現了爭拗，成了一個政治的議題。

第五章已指出定準過程中出現加多減少、擴大縮小等手法，目的乃製造出一個有利自己的基準；這裡更指出當有多個基準同時出現時，多數人亦只會選擇對自己有利的基準，排斥對自己不利的。大家當要明白此等的選擇性舉措，終究是一個利益問題！對自己

---

[157] https://www.cnbc.com/2021/02/01/new-chart-shows-china-gdp-could-overtake-us-sooner-as-covid-took-its-toll.html?&qsearchterm=new%20chart%20shows%20china%20gdp%20could%20overtak%20us%20sooner

[158] https://www.163.com/dy/article/G5T0J7B60552269P.html

「合宜」，對對方便是「不合宜」了，如何做到對雙方都合宜，出現共贏局面便是複雜的學問了。

比較效應下，基準可會被調整、更易，前面已多次說過，特別是個人的基準，儘會隨著時空環境的需要而有所更易、修改，堅實的當然需要長一些時間，這點大家都明白。在第七章 7.1 中移民讓我對物品大小基準的改變便是，原因在於我與環境懸殊實力下，這改變有現實的需要，不然人家很難與我溝通無礙，這個改變叫作「適應」。

不能適應便是改變不了，不能面對現實，仍然持守不合宜的基準，抱殘守缺，只會淪為頑固派、失敗者！

前面第二章說過完美主義者的基準大大超越一般人的水平，便宛如自己是「大學生」，人家是「小學生」一樣，跟隨他的人跟不上他的高基準下多會吃苦頭，不過，既是關涉二人的事，他自己亦辛苦、勞氣、傷神。過高基準也有一個副作用，它會令事情沒有效率，因要花上不完全需要的額外氣力與時間[159]。所以，這類人便需要常常拷問自己：「我的要求是吹

---

[159] 統計學上的 20-80% 理論，做到 80% 完美，你只需花上 100% 完美所需的 20% 時間而已；相反，若你尚要完成餘下的 20% 的話，則要花上 100% 完美所需的 80% 時間，四倍呀！其實很多時 80% 完美已是超合格了。

毛求疵嗎？我的基準是過高嗎？」若是的話，便是不合宜了，基準就需要改變，[160]否則墮入圖 4 中的正壓區，更是長期性的！也請留意第三章那中國人在日本餐廳做清洗工的例子，如何做到合宜，於所處的環境中恰到好處、恰如其分，其實大有學問！

在強勢文化具壓倒性的地方，原生的文化基準，哪怕如何優良，每每沒有生存空間而淪為「次級」，不再合宜了。例如 2020 年是庫克船長登陸澳洲 250 週年，澳洲政府撥款 670 萬澳元，仿造當年庫克船長駕駛環繞澳洲一周的皇家海軍「奮進號」，以紀念他的功績。事實上第一位駕駛奮進號繞行澳洲的並不是他，而是他的下屬佛林德茲及原住民班加利。但是在悉梨街道上及與奮進號有關的雕像裡則只有庫克船長和佛林德茲，甚至還有佛林德茲在船上飼養的一隻貓，卻偏偏沒有班加利。[161]可以想像勢態強弱懸殊下，弱勢文化除不被人重視外，更有機會漸漸被淘汰掉，湮沒在歷史中。

又，例如我兒時極受人們歡迎的廣東「涼茶鋪」，今天已是鳳毛麟角，傳承不下去了，今天人們

---

[160] 對完美主義者來說，這改變是艱難的！唯有加倍努力。你若能夠放下面子的話，可以找個你信任的、亦願意細察、提醒你的人，時刻提醒自己也是一個辦法。

[161] 《星島日報》（卑斯版），2/6/2020。

感冒，多喝水、吃幾片消炎退燒西藥（如 Aspirin、Tylenol 等）、或是喝些味道滿好添加維他命 C 的果汁便是基準；其實以我的經驗，防範甚至治療輕度感冒，喝兩三大碗像「廿四味」的涼茶才是一個上佳基準。不過今天事事西方基準成為權威下，又有多少人能夠接受這種東方式味苦大碗的東西呢？相信這個涼茶基準不消多久，便會從人們視線中消失得無影無蹤，因為已是不合宜了！

所以，適切時空需要的基準才算得上是合宜的基準！即 B 時空環境中，只能應用適切於 B 時空環境的基準；A 時空環境中，亦只能應用適切於 A 時空環境的基準。設若在 B 時空環境中應用了 A 的基準，或 A 時空環境中應用了 B 的基準，便是錯配，便是不合宜了，出現格格不入，除無法有效應對外，更可能導致一些不必要的困難與損失。

為要適切合宜，基準當然須隨時空的需要而有所更新、改變，哪怕是堅實的亦不能不改，只是改動可能需時較長及較多力氣而已。不過，有些確是不可輕易改易，因涉及巨大的經濟與政治代價。

譬如稅制，各個國家，各個地方便有自己的一套基準，例如香港的稅制基準便是以少干預、高效率及只支撐一個低政府福利支出為其定準原則，稅率低，

稅項以簡代繁，交收以快代慢，作風粗線條，香港遂
成為經濟自由及活躍度極高的地區；而加拿大則以公
平原則為定準，不講效率，只求公平，又關係著巨額
政府福利支出，遂稅率高，稅項煩雜，樣樣細分，成
為「萬稅之國」，稅局龐大臃腫，而每個國民每年得
花上一二周的時間去處理報稅事宜，遂養活了不少代
為報稅的會計師，因為普通人實無力處理如此繁瑣的
工作。

　　不同的稅務定準原則，全是社會的需要、價值觀
或傳統所造成，亦因它牽連甚廣，故此除了非原則性
的少修少改外，實不易有大幅度的改易，因涉及風險
與代價極高。[162]所以，若有甚麼實質上的巨幅改動，
恐怕要發生一個超大危機，才可能製造出一個機會。

　　同時，基準的定準者既是人，而人又有各樣的限
制、利益考略、關懷與野心，所以少數人制定的基準
的合宜性總成疑問，特別是關涉社會公認基準的制
定，定要有多個能充分代表受影響群體的人士參與，
好能維護他們的權益；參與者本身需絕無利益上的衝
突（conflict of interest），要公平、公正，不可偏幫
某類或某些利益人士、團體、企業。盡量羅致不同理
念、經驗與專業的人士，能作多角度參詳與多方面平

---

[162] 參第六章 6.2 葉爾欽與王安石變法的後果。

衡，出現偏頗的機會才會減少。涉及跨界別或跨學科的基準，除不同專業、專家參與外，不可忘記向有關用家作廣泛的諮詢，諮詢時間要充裕，透明度要高，批評要得到重視與尊重，才能達成一個能針對時弊與需要的合宜基準；倘若共識無法達成，便需給大家更多時間再作討論，若時間上有死線，需要投票表決的話，投票須匿名。

今天不少先進的民主國家，很多主要基準的最後定案往往會訴諸公投，便是這個道理，緣於他們要向國民回答：「這基準是否適合大多數人，是否得到大多數人的認同、認可？」也即是要確認：「這是一個合宜的基準！」

基準訂定，特別是公認基準，總需要人力、物力及時間去研究、諮詢、驗證、審核。往往不少人在定準時參考或借用一些別人的成功先例，這是一個省時省力的聰明做法，不過在基準借鑑或借用中，必須瞭解對方定準的原則與背景，弄清楚自己當下的與被借用者的時空背景是否相若、同構。因為時空背景不同下，同一樣的基準極有生發不同效果的可能，倘若粗暴地借用或引入，可能會帶來嚴重負面影響，出現不可挽回的失效、損失。

舉一個例子，我是土木工程出身的，也參與過香港的屋宇建設。1997 年前香港為英國的殖民地，故香港樓宇建築[163]一般都是借用英國的建築基準，基準乃建成的建築物壽命不短於 120 年。但事實上憑藉該基準建成的香港樓宇，往往 70-80 年便多有鋼筋銹蝕膨脹，石屎剝落等情況出現，也有因此成為危樓的；當然不能排除有偷工減料、施工不達標的問題存在，但我倒認為香港氣候與此等問題有著關係。

這理解在我移民溫哥華後更為清晰。英國南部與溫哥華地區的緯度相近，北緯 50°左右，屬溫帶，溫度低，雨水不多；香港在北緯 22°左右，屬亞熱帶，溫度高，多雨。故香港汽車三年的情況（特別在銹蝕方面）與溫哥華十餘年的相若，一些上世紀 70-80 年代的車還在溫哥華路面行走如常，便是明證。

更清楚莫過於我移民時買屋的一個發現，在土庫保險電掣箱中有一張小小紙卡，上面有著保險掣管控哪些電器的說明。初看這紙卡，變舊程度與香港四五年的相若，再看清楚，紙卡原來寫有安裝年分，這紙卡已有 40 年的歷史啊！在溫哥華，屋宇都裝有暖氣，室內恆溫，濕度低，故此紙卡能保持如此新淨狀態，這亦間接證明了氣候對物件的壽命大有關係，因

---

[163] 幾乎全部都是鋼筋混凝土結構。

此在西藏、新疆等乾燥地方仍能挖掘出唐朝的布帛及紙張便不足為奇了。

我想說香港與英國的氣候並不相若，本是保證建築物有 120 年壽命的英國建築基準應用在與英國氣候不相若、不同構的香港中，建築物可能只有 70-80 年左右的壽命而已，若以 120 年壽命計算的話，損失可謂不少了。英國的建築基準應用在香港可否算是合宜呢？

第六章中提及葉爾欽借用了與俄羅斯國情絕不同構的玻利維亞震蕩療法更是一個典型例子，故不能貿然找個先例便算過關了，我們還得弄清楚這先例真的「可援」嗎？

又，例如香港的一國兩制承諾，明顯是因為大陸與香港是二個背景、憲制迥異的地方，為了防止有人把大陸的一制粗暴引入香港的一種權宜做法，為的是要保護港方的一制，建構一個前國家主席江澤民所說「河水不犯井水」的狀況，避免了胡亂「可援」的出現。《基本法》中「五十年不變」的承諾，更是清晰表明香港雖已回歸，但兩地方方面面的差距不會於短時間內縮少，遂提供五十年的時間讓雙方差距慢慢縮減，希望五十年後的一天雙方於各重要領域、範疇都能夠接軌。

　　前面已多次說過，環境隨時間改變，既然基準合宜性需滿足環境的要求，無論個人或公認的基準亦該隨時間而有所調校、修訂。當然，不合宜的基準便需要取締，過時的規則、條約、法例既需不斷更新，修訂遂成為常規化；哪怕有數千年歷史的死刑這基準，在今天許多民主國家，已被終身監禁所取代了。

　　女性地位近年不斷提升下，許多對女性較公平的基準亦相繼出爐，例如在僱傭條例中，禁止女性於職位、薪酬、福利等上受歧視便是。又，近十數二十年間全世界的生育率不斷下降，出現國家生產力嚴重短缺，某些國家近期便提高國民的法定退休年齡，[164]好保持國家整體生產力，不讓經濟快速下滑。此等基準變動實因環境的需要而不得不這樣做，為的是要滿足時代的要求。

　　不過，今天的全球頻密交往及後現代多元化氛圍下，除了一些極端保守地方外，為滿足環境急速改變下的需要與要求，許多基準更易確比從前急速得多了，人們包容性也比以前強得多了。倘若你還死守過時基準的話，人家只會視你為頑固、保守、愚昧，前

---

[164] 例如日本於 2021 年 4 月 1 日起，取消現有的 60-65 歲的退休制度，新的退休年齡為 70 歲；同時，老齡養老金也推遲至 70 歲。〔《星島日報》（卑斯版），2/4/2021。〕

面第四章婆媳的育兒例子便是，若婆婆堅持自己基準的話，媳婦肯定會覺得婆婆封建、不科學、不合時宜了。

今次新型冠狀病毒大流行中，便看見隨著疫情快速發展而出現防疫基準不斷的調校。為嚴控疫情，制止人群聚集，不少城市的人群聚集基準便從疫情最初期 250 人，隨著受感染人數急劇增加，短期間便改至50 人，10 人，至最後 5 人，有些地方如德國、香港有一段時間更不多過 2 人；人群聚集的地方亦次遞加強管制，最後商店、食肆更要停業，學校、公園、海灘都要關閉，有些城市更發出「封城令」、「禁足令」、「宵禁令」，禁止居民外出。

正如第一章所說，沒有基準便無法比較，好歹便無從知曉，故此定要訂定一些基準，整個社會方能運作。可是人們、政府以至全世界的醫生、專家都無法預計傳染的幅度與速度，無法制定一個合宜適切的基準下，惟有被動地見步行步，把基準不停地更新、調校，好應付快速的變化與急切的需要，當然帶來的是不斷的 0→1 副作用。這些極速的朝令夕改舉措，我還是第一次看到，哪怕談不上是合宜，但確實是有此需要，這樣，不合宜也算是合宜了。

　　當然，還有不少人的基準訂定，正如第二章所指，因著認知不足、價值觀的錯誤、邏輯思考贏弱、性格偏執等問題，而設定與當前形勢、處境不適切的一些基準。可怕的是這類定準的人，若爬上了一個重要當權位置，他們訂定的基準影響深遠而又範圍廣闊的話，便會做成嚴重甚至災難性的後果，希特勒的屠殺猶太人及發動二次世界大戰便是典型例子。縱貫本書，讀者應發現本書中引用的一些政治人物，不少或多或少都有這類毛病。

　　還有一些極端浪漫型的人士，他們的基準很多時也是莫名其妙的，這類人總像是活在雲端般，不愛腳踏實地，往往多有空想不切實際的思維，脫離現實，如小孩子常幻想自己是小王子或小公主一樣，第二章中的阿 Q 與阿 P 都屬於這類的人，他們的基準該不算是合宜吧！

8.2 超越式基準

讓我先說一些故事：

（一）聞長慶 [165]

浙江慈溪市上林湖是中國著名越窯青瓷發源地，青瓷雖有 2,000 多年歷史，惟到了宋代，瓷土枯竭，越窯遂逐漸衰落，五代時期臻至顛峰的「祕色瓷」製作便失傳了，清乾隆皇帝也慨歎「李唐越窯人間無」。不過 1987 年地震中陝西扶風縣法門寺的地宮卻震出了 13 件標準的五代祕色瓷。熱愛越窯青瓷的當地企業家及陶瓷收藏家聞長慶，便以這些再現人間的瓷器為藍本，立志要復原失傳千年的祕色瓷工藝。他說：「文化有生命力，錢卻沒有。錢是雲煙，花了就過了；可是文化，誰寫了一首詩，誰畫了一幅畫，都能留下，都有記憶。我們這一代，對文化必須重視，文化是靈魂。」

2000 年他遂放下手上的生意，帶領兒子，決心去追求這理想。他把金錢、時間擺上，不辭勞苦，四

---

[165] 歐偉長，《談理想》，白象文化，台中，2018，頁 26-27，52-53。

出尋找古瓷所用的瓷土，按柴火燒造古法，自己動手及監測，他說：「不惜一切工本，花多少錢，哪怕我少活十年，也要把它搞出來。」

他通過三年多上萬次日以繼夜的實驗和失敗，終於找到成釉中上林湖草木灰的最恰當比例，成功重尋「祕色瓷」。他驕傲地說：「雖然我把公司扔了，損失幾億元，可是我覺得比搞公司掙幾個億還高興得多，因為畢竟失傳了一千多年，在我這個年紀裡把它恢復，我死而無憾了。」

浙江大學文博系教授周少華說：「復原度十分高，這幾年的努力很了不得，仿製過程實際是一個創新發明過程。失傳了這麼多年，重新恢復過來，在中國陶瓷史上留下了濃重的一筆。」

選擇放棄，成就了超越，他在陶瓷史上占了一席位置。

（二）黃柏堯[166]

海洋義工的臺灣青年黃柏堯，有一次海洋拯救行動中，一條擱淺的海豚於臨死掙扎時，在他跟前吐出一個黑透了的塑膠袋，後來解剖發現牠胃裡全都是塑膠垃圾。這件事帶給他極大震撼，遂立志要拯救海

---

[166] 歐偉長，同上，頁 93-94。

洋；但光靠一人之力，收效微弱，唯一可靠是大眾的力量，得以眾志成城。

他考慮及準備了八個月，決定環島徒步，把臺灣所有 2,659 間小學都走一遍，向小學生說一堂 40 分鐘的海洋教育課，告訴孩子們這死去海豚的故事，說明非要減少製造塑膠垃圾不能拯救海洋，叫大家合力從生活習慣改變開始，一齊少用一次性塑膠物品，如塑膠袋、飲品吸管，及多帶環保杯、盒等。

他帶著簡單行李與教材，於 2013 年 11 月踏上獨自一人的艱辛徒步之旅，走累便搭順風車，因無法知道走路所需的時間，也不知道學校課程的安排，不能早作預備，每次都是直接找校長，請求給他臨時講課的機會。他認識海洋，也有教導小孩的天分，甚得小孩們歡迎，小朋友都叫他做「海龍哥哥」。他每天四時下課前更需要趕至下一所學校要求借宿，不然便要露宿街頭。

雖旅程中生活簡單儉樸，但總要填飽肚子。沿途他會在晚間留宿時製造一些宣傳環保的小飾物及咖啡濾掛式小包，空檔時在學校附近或沿途人多的地方擺攤零售，沒有定價，只看有沒有人願出點錢，支持他這「為海而走」的理想。他說：「這些支持與認同，很多時讓我感動，這些幫助說明他們也願意去做這事

情，這是一股力量！」

　　直到今天（2015 年）他仍能樂觀地堅持下去，花了一年多時間，已經走完 165 所小學，接觸過三萬名學生。一位校長說：「這個年輕人在做一件非常難完成的事情，我心裡非常佩服；尤其他跟我說要走完 2,659 所學校的時候，我想那要花多少年青春？不過，最少他有一個想法：做一些能力所及的事，為臺灣及世界，奉獻自己。」

　　奉獻自己，便成就了超越。

（三）章禮金 [167]

　　七十餘歲的刻章師章禮金，因腰椎毛病返回老鄉大歲村，在孩子贍養與國家補助下，打算舒舒服服安享晚年。但附近有梁山伯與祝英臺墓、十二生肖石、天仙岩等風景的烏岩山卻撩撥了他的激情：弄好泥濘難行的山路，讓遊人也能欣賞烏岩山美景。他說這是畢生最大的手筆。

　　工程要把重達 120 公斤的石條鋪至海拔近 800 米的山上，無人相信他能辦到，支持他的數個村民，開完最初的路基後，都放棄離開了。一次崎嶇山路上打翻他與老伴騎著的三輪車，老伴昏迷了一個月，他卻

---

[167] 歐偉長，同上，頁 168-169。

意外地跌好那劃圈走路的腿，這更堅定了他的信心，誓要堅持下去。

他憑著一根粗木，一具木頭三腳架及一條皮帶，自製出一件可以逐級爬升，助他省卻一半力氣的工具，以 80 歲的體力拾級把石條逐塊鋪砌。陪伴他的只有老伴與一條也是殘疾的小狗，日復一日，從晨早 5 時幹活至下午 5 時，其間也出了不少意外，工具斷過（也改良過），手捺折過，工程也停頓過。

一千多塊的石條漸次鋪上，最後村民的眼光改變了，開始捐錢買石條，2010 年 12 月，最後的 20 塊石條也有村民為他搬運上山，在他 83 歲全線完工後，即時迎來 100 多名遊客。

堅守信念，一顆「老弱」的心也完成了超越（圖 7）。

圖 7：章禮金

　　好，再回到程式（1）（定準→比較→反應→抉擇→行動），這三個故事說明真正有成績之先，總要經過程式（1）所涵蓋的各個過程，就用聞長慶的故事來解說吧。

　　熱愛越窯青瓷的他，當看見這 13 件重現世上的五代祕色瓷，便「定準」了要復原失傳千年的祕色瓷工藝；因著時間與精力種種限制，他要作出成就這基準的一些「比較」：其一有「文化有生命力，錢卻沒有；錢是雲煙，文化是靈魂」；其二是繼續做生意好，還是專心做這復原工作好？他的「反應」是：「不惜一切，花多少錢，哪怕少活十年，也要把它搞出來。」最後的「抉擇」便是放下手中生意，帶著孩子，去完成這理想；「行動」乃三年多上萬次日以繼夜的實驗，找出祕色瓷成釉中草木灰的最恰當比例。

　　其餘兩個故事與聞長慶的故事一樣，都要經歷整個程式（1）這「比較機制」的過程，也請讀者有空時在故事裡自行尋找，作為一個練習吧。

　　所以要有甚麼的結果，必先要有相應的甚麼基準，基準是你行動的方向盤。同理，你要有一個甚麼的生命，定準乃是第一步，當然也是最重要的一步，以上三個故事該已闡明能夠超越現狀，邁向有意義生命這個可能吧。

因為人會希冀、遠眺，便使他異於其他動物，他會有更多的需要，除了像其他動物一樣，有物質、安全的低端需要外，還有更高層次精神、心靈上的需要。引用馬斯洛「人的需要層階」[168]來作說明（圖8）吧。

圖例：↑層階晉升方向

圖 8：馬斯洛三角

---

[168] 馬斯洛（Maslow A.H., *"Hierarchy of Needs: A Theory of Human Motivation"*, 1943, Psychological Review, 50, 370-396.）
馬斯洛「人的需要」五階模式：
A. 生理需要：空氣、溫飽、性需要等。
B. 安全：人身安全、遠離痛楚/危險（包括情緒上的）、享有私人財產等。
C. 關愛：歸屬、分享、友誼、愛情、親人關懷等。
D. 尊嚴：自尊、成就、社會地位、名聲、特權等。
E. 自我實現：自我成長、彰顯潛能、追求真善美、心靈滿足等。

人的下層需要物質性較高，而上層的較多是精神性，最頂層甚至全是高度精神性的。

所以要能滿足人高質的需要，便須從馬斯洛三角底層跨跳至高層才能達至，如此基準的跳升，便是這裡所說的超越式基準了，人生定準便要以此方向為依歸，方能超越平庸，成就理想，活出有意義的人生。當然這也是圖 4 中從 X 點進駐 A 點的過程，只不過 X 至 A 是一個巨幅跨越，也是一個巨大正壓吧。不過，前面三個故事的主人翁都做到了，理想達至，得著精神、心靈的滿足，亦為社會作出貢獻，生命遂生發意義，成為高貴美麗有價值的人，走進永恆，超越「死亡」，[169]過程中一切汗水、付出、承受的壓力、花上的時間金錢，比較下便變得微不足道！

第二章指出個人基準受著定準前設的個人價值觀、素質、條件、性格等把控著；第四、七章亦分別探討了個人基準，經常被公認（文化）基準、時空環境等影響著。所以，在定準上不可避免地受著各種不同的主觀、客觀限制，遑論執行上人力、物力籌集與管理的種種困難，在這情況下要能完成程式（1），必要明白過程中有偌大的不確定性、機緣性與困難，很多時都不會以人的意願為依歸，為此要作心理準

---

[169] 歐偉長，同上，頁 177。

備，此等考驗不會是少，只會是多！堅持、毅力、勇氣總不能缺！這方面從上述三個例子該看得清楚吧。

這些當然都是問題，但無礙理想的達成，資源雖少，困難雖多，但只要有渴望超越、願意付出的心，一步一步有計劃地完成，過程中謙卑地不斷反思、比較、修正，行動上有著「不到黃河心不死」的精神！看看黃柏堯、章禮金，不都是憑藉小小資源，完成巨幅超越？造福社會、世界嗎？

面對困難時，想想嚴重殘疾的力克[170]的一句話：「不必擔心自己資源少，因為一顆『願意的心』，比甚麼都重要。」[171]若你仍懷疑自己能否為自己、社會帶來意義，也看看他怎樣說：「認清你生命的目的是最重要的事，而且我向你保證，你肯定可以有所貢獻，或許現在還看不出那是什麼，但你要知道，如果沒有什麼可貢獻，你就不會出現在這個地球上，我十分確定上帝不會製造錯誤。祂是會創造奇跡：我是一個，你也是。」[172]。

---

[170] 力克（Nick Vujicic）是一個天生沒有四肢（海豹肢症）的演說家，無數次的世界巡回演講，激勵鼓舞了無數的人。

[171] 力克‧胡哲，《人生不設限》，彭惠仙譯，2010，台北，方智出版社，頁 10。

[172] 力克‧胡哲，同上，頁 55。

　　要知道你的生命、我的生命都是有目的的，尋找這目的是你我的責任。超越式基準的萌芽，哪怕初期看去並不起眼，但只要持守著初衷，堅持、勇氣、努力下總能開花結果，跑到「理想」的彼岸。

　　這裡也想指出，不合宜的超越式基準也是存在的，因為超越式基準是一個巨幅超越，故比一般基準在執行上不知要艱辛多少倍，需花上無限的時間、力氣、智慧與堅持，所以這樣的定準，是一個嚴肅、向生命發出挑戰的承諾，不得輕率說說，不好浪漫，不然就只是一個瞎想、幻想、甚至是妄想。譬如，我想以李嘉誠或比爾蓋茨的身家為基準的話，像阿 Q 那樣，自我陶醉麻木一番當然沒問題，但不好忘記以我現今的條件，那只是一個妄想，沒有基礎，「夸父遂日」而已，永遠達不到！這個基準，當然是超越式基準，不過，只是一個不合宜不設實際的超越式基準罷了。

第九章　合宜比較

第一章中已說過，只要把二件東西放在一起，又選其一為基準，兩者比較即可進行。

不過，二者能夠作出有意義比較卻只限於它們同構與否！例如，時間只能與時間相比，可得出快慢、早晚、時限、年齡、效率、準時與否等各樣的比較，若時間與非同構的東西相比，極端一些，譬如說時間與岩石，這個比較大家便覺得莫名其妙，因為沒有意義之餘，更是無從比較！

每一件東西[173]均有自己的組成參數（元素）（參程式（2）），二件東西若能作較有意義的比較，他們絕大多數的組成參數必須同構。

假設人與青蛙作比較，先看看人與青蛙的參數，青蛙程式（2）是 $F=f(a, \alpha, \beta, \gamma\cdots\cdots)$，人程式（2）是 $H=f(a, \alpha', \beta', \gamma'\cdots\cdots)$；人、蛙二者雖同是動物，但二者在生物結構上卻迥異，二者涉及的同構參數與男、女比較涉及的同構參數便少得多，人與青蛙或只

---

173 「基準」本身亦如是。

有體積、重量、力氣、排泄量、食量、壽命、氧氣吸納量、血液成分、游泳速度等相對不多的同構參數還可作直接比較，大概 F 及 H 中的 a 便是，可比性尚可。至於人、蛙的非同構又或跟本不知道同構與否的參數則更多，譬如他/牠的快樂、惱怒、冷暖感覺、味覺/嗅覺、消化力、氧氣吸收途徑、生殖過程等等便無從作有意義的比較，不可比性高，大概是像 F 中的 α, β, γ……及 H 中的 α', β', γ'……。

已知人與青蛙受傷都有感覺，但青蛙的感覺跟人的感覺又是否相同？這便無從得知了，因人與青蛙各自的生理系統截然不同，是不同構，不清楚內裡下又如何能作有效的比較？

說到男人和女人，大家都不會視他/她為非同構、不可比吧！這說法當然錯不了，因男程式（2）是 $M=f$（a, b, c, d, e, f, g……及 ψ）而女程式（2）是 $F=f$（a, b, c, d, e, f, g……及 ψ'）。他們絕大部分的參數，即 a, b, c, d, e, f, g……都是同構的，都可以作有效及直接的比較。不過若單看他/她們的生殖系統，即 M 中的 ψ 及 F 中的 ψ'，便很難說男的比女的好、奇妙、有用……，因為男女的生殖系統並非同構，可比性便不高，各自擁有自己獨特機能、設計與運作，難以作有效比較。

一些比較上的混亂，可緣於對同構界定的差異，例如宏觀（寬的）與微觀（窄的）不同角度下便產生不同的歸屬。如有人叫你比較石頭與棉花，我想你會說它們是不同構，不能比。且慢！你只是部分正確，從宏觀角度看，你是對的；但若只從某一些的微觀角度看，如軟硬度的話，它們是可比的，得出是石頭比棉花硬，或棉花比石頭軟的答案啊！

　　再看看如何界定男女同構與否這話題吧，宏觀上如以人性、思考力、模仿力、情志、感覺、智力、力氣、生老病死、喜怒哀樂等各個方面作定義的話，男女是同構，可作比較；但微觀上如以生殖器官作定義的話，男女則是不同構了，不可比了。

　　所以比較之先，要弄清楚你對同構的界定、定義，才好論述要比較的東西與基準同構與否。不然，正如第八章中所說的男尊女卑這不良傳統，乃由於只從微觀，只看局部這錯謬歸屬下，生殖器官便替代了人的整體了。

　　不過，一般生活上，複雜的事情委實太多，若事事都要研究其中各個相關參數同構與否才作比較實帶來不少麻煩，也不切實際。若基準與比較的東西有眾多的參數，與其分開檢視各個參數同構與否，不如退而求其次，只檢視其中最重要及對整體影響最大的一

些參數，次要的暫不加理會，以避免失焦及花上太多的時間，是資源管理問題；若它們都為同構的話，或可權宜地視其整體為同構，就進行比較吧！

同構問題即是我們在比較上踫到「橙與蘋果」的問題，正如人與青蛙一樣，橙和蘋果於物種上非屬同系，故各類參數多不同構，除了少數同構參數像重量、顏色、圓度、水分、營養、軟硬等等外，便很難作出有意義的比較。或許你把勉強可視為同構的甜度作比較，但總覺得橙的甜與蘋果的甜在質方面並不太一樣，它們的甜還是各有特色，或許把它們的甜分別稱為不相關的 X 及 Y，可能更為貼切，因為直接地把它們比較總有些難度！所以便有「橙與蘋果」比較無效的說法，正因為它們宏觀上整體並不同構，故不可比！

所以，正如第五章 5.2 中提及溫哥華的罷工談判，工會利用與溫哥華不大同構的資料作比較籌碼時，便要質疑它們於同構理念上的合理性，以免中了混淆橙與蘋果的陷阱。

不過，哪怕是一個無意義的比較，很多人還是不停將蘋果與橙作直接比較！記得曾與外國人吃飯，我給他們中國人喜愛的清蒸石班、白切雞等的菜餚，他們只會說不錯；若給他們吃咕嚕肉，咖哩甚麼，他們

眼睛會即時發亮，大讚 yummy、yummy！因為他們愛濃味而我們愛清淡。我們認為好味的東西，他們未必認同；同理，他們覺得好味的東西，我們也未必欣賞！因為口味是文化，東西方口味是二個迴異的範疇，宏觀上屬非同構，故優劣無從界定；有人硬說我們的口味刁鑽，中國人才懂得欣賞好東西，這論述我看來倒有點偏頗了。

又例如，人們經常討論著中國與美國的教育，究竟二者孰優孰劣？緣於不同文化，中國人教育基準是直向的：鼓勵跟從、秩序、和諧、自制等，長幼有序，服從權威，以群體為依歸；而美國人教育基準是橫向的：鼓勵自發、出眾、多元、爭競等，人人平等，挑戰權威，以個人為依歸。可以說雙方的教育理念、取向，宏觀上實不同構，不可比性高，所以孰優孰劣，實難作出有效、有意義的比較、評價。

再說一例，中國人看醫生，病了第一件事就要決定看西醫還是看中醫。有人會說西醫好，亦有人會說中醫好，令人迷惘。特別是當你看西醫，病情沒有進展，定有朋友親戚跳出來叫你看中醫；相反的，你看中醫得不到想要的療效，定有朋友親戚極力推薦你去看西醫。這些現象出現，是因為無法有效斷定中西醫療究竟那個方案較好，確實中西醫藥這兩個系統宏觀

上並不同構，不能作有意義的比較下，又如何叫人弄得清楚？

再者，我們看中醫，診療上也分有方藥及針灸二種方式，二者也不完全同構，也不完全可比。所以哪怕你相信中醫，生了病要找何種中醫還是一個煩惱啊！

第三章提及加拿大的香港及大陸移民對卑斯省首席衛生官 Bonnie Henry 醫生，出現與主流人士不同的評價，便是由於不同構的基準在作梗。

大家都知道東方人崇尚集體主義（參第四章4.1），故此他們多會考慮整體利益，跟政府、群眾走，大局優先；而西方人則以個人主義為依歸，認為個人該有自己的想法、做法，也要求對方（包括政府）尊重自己的決定、選擇，[174]人權、自由至上，個人優先。（再翻看註腳 57 有關示威的口號便可知一二。）

這個基本的不同便造成香港、大陸的一方及加拿大、美國的另一方在疫情中受感染程度迥異的核心原因。加拿大、美國政府不願動輒限制個人自由，尊重

---

[174] 譬如，在街上有人受了傷，你是醫生，有足夠專業可以幫助他，若他尚算清醒，你要問准對方是否願意你幫助他才好，若對方反對，你便無能為力，只能離開，因為你需要尊重他的決定與選擇！

個人自主、選擇的權利；當然另一個核心原因是我們華人有「口罩文化」而他們卻沒有。因此我們集體主義的移民便覺得加拿大、美國的防疫手段實不敢恭維，不痛不癢，窩囊得很！

其實大家的基準，因為這些核心的不同，屬於不同構，不可比性高。正如文化基準一樣，都是不同構；既然甲的文化基準無從與乙的文化基準比較其價值、優劣性，我們的香港及大陸移民評價 Bonnie Henry 醫生[175]為不稱職又是否合理、合宜呢？不過話說回來，若單從龐大感染及死亡人數看，我還是覺得我們這些移民的看法也不能算是沒有道理！[176]

相反的，本應是同構的東西，有人卻說它並不同構；本應可有合宜的比較，無奈人為下卻成為不可以。例如，一些男權超重的地方，他們便把男女視為不同構的兩個群體，生殖器官掛帥效應下，當權者既為男性，女性哪怕更聰明，更有智慧、天分、能耐，永遠都只是二流貨色。

同樣，從前戰敗國或殖民地的管理也是如出一轍，總把統治者與被統治者訂定為二個非同構群體，

---

[175] 參第三章，人們對她的評價。
[176] 可能我也被東方的集體主義基準操控了而不自知！

只視被統治的一方為工具，既非與我同構，不與我同等同類，自然便是次等公民了。[177]

二次世界大戰時德國納粹肆意屠殺猶太人，便是他們認為自己雅利安人[178]優越而對方猶太人低劣，二個群體絕不同構；為了要保證德國血裔純正，保有健康的遺傳，遂要除掉這些低劣的猶太人。[179]哪怕到了今天，世界上仍有不少人對有色人種、窮人、社會底層社群及不幸的人士如殘障、弱智、精神病者、單親、孤兒等產生歧視，視他們為非同構，否定人性尊嚴；既與我不同，比我低劣，我大可以對他們有著不同的態度、不同的處理了。

前面提及的印度種姓制度，[180]也是把該是同構的人視為非同構的例子，它強把國民分為高貴優越至低下骯髒的各個不同構等級，並且是世襲，不可改變。最典型的該算是以不同皮膚顏色作分野，強把本是同構的人類定為不同構，遭受到不對等的待遇，哪怕你是學富五車、滿腹經綸、聰明絕頂，只要你是黑皮

---

[177] 中國近代於租界公園中，也有「華人與狗不得進入」的故事，視華人與狗為「同構」。

[178] 希特勒所指的雅利安人，實為「金髮碧眼」的日耳曼人。

[179] 本傑明·威克，《擾亂世界的十本書》，王璽譯，現代教育出版社，北京，2009，頁126。

[180] 參註腳62。

膚，還不能不受制於人！哪怕世界上最講求人權的地方，不是還有不少信奉「白人優越主義」[181]的人嗎？

如此把同構的東西，視之為非同構，出現了不同對待、處置，正正就是第五章 5.2 中所說的雙重標準哩！

當然，日常生活中，基於種種原因，仍有不少人強把橙當為蘋果，或把蘋果當為橙，本是橙與蘋果的無效比較，頓變成橙與「橙」或蘋果與「蘋果」的比較，比較有效了！理直氣壯了！

不論有意或無心，不少人把同構的東西視為非同構，或把非同構的東西視之為同構，界定上出現了問題、偏差，產生無比的混亂，引致的比較除毫無實質意義之餘，更是錯謬一樁，衍生的抉擇與行動便大有問題了，上面所說猶太人大屠殺便是可怕例子。

當然可以是有人的分辨能力不足，無從把橙與蘋果客觀地區分，出現錯判；也可以是有人特意顛倒黑白、指鹿為馬，或移花接木，或張冠李戴，把橙說成蘋果，或把蘋果說成橙好矇混過關，雖包裝或粉飾成一個有效比較，但實際上是瞞騙，這情況在政客中最常發現，背後有著個人或黨派政治利益的考略。

---

[181] 2019 年的「黑人也是人」（Black Lives Matter）運動，席捲全世界，便是最好的說明。

　　這類偷換概念、混淆視線、模糊焦點的做法，好變假為真、變壞為好、變劣為佳，叫人不知這一刻的情況真正處於一個甚麼階段、狀態：是嚴重、不嚴重？是困難、不困難？是急迫、不急迫？是可控、不可控？是公道、不公道？是正常、不正常？等等；如此帶出的比較效應可會是嚴重、巨大的損失！

　　能夠有合宜比較，當然先要有合宜基準。有人總不理會當下的時空狀況經已變得面目全非，橙已蛻變為蘋果，或蘋果已蛻變成橙了，尚堅持過往的基準今時今日還是適用，不知道有此一時彼一時、此一地彼一地的可能，頭腦僵硬至極！老是反智的一刀切，我們稱他們為「鐵板一塊」，全無妥協、讓步的可能。

　　一個基準的出現，皆有其適切的土壤與生態，故不好忘記它不都能放諸四海皆準，也不都能持守到永遠，因為它的產生乃針對時空的需要，時空既改變了，基準又怎不需要隨之改變呢？

　　最後，再一次強調，把兩個事物或兩個事物的某部分放在一起作比較時，定要問問它們的可比性高嗎？憑甚麼它們可以有效地作比較呢？等等，或說要問問它們究竟是同構還是不同構呢？

　　錯誤基準或錯誤比較，最後便導致錯誤反應、錯誤抉擇與錯誤行動，帶來的是失敗與懊悔！

第十章　比較效應

　　前面各章指出比較後會產生反應、抉擇及行動，從而生發了生活、情緒、人際關係上多種的狀況：或喜、或怒、或哀、或樂、或起、或伏、或得、或失、或甜、或苦等等；也論述過比較會令雙方生發衝突、爭拗，也誘使壟斷、干擾、扭曲、壓迫、瞞騙、對抗、歧視、欺侮等的出現，更會產生個別或整體的適應、異化、爭競、成敗、變易等種種問題。這全都是比較的效應。比較能改變、影響著我們生活各個層面，它有著強大卻不易覺察的操控力量，當然影響有好也有壞、有輕也有重，各章亦有所討論，特別在第六章討論了比較帶來多種及多重的心理反應。

　　因此，本章所說只是散見於各章中的比較效應的一些補充。

10.1 羨慕、妒忌、自卑

　　第六章談及現實與你我所設定（或想像）的基準出現差距，便會產生情緒上的反應，嚴重的有憤怒、傷痛、驚恐、焦慮、仇恨等。不過很多時還有一些情緒反應，表面上看似是小事一樁，但實際上倒有深遠影響，在這裡也找一些例子討論一下，例如羨慕、妒忌、自卑等。

　　中國男士結婚最怕出現的問題：婆媳間的瓜葛，婆媳雙方都覺得自己失寵，眼紅對方所得的，引來不悅。

　　由於文化基準使然，或是經濟與照顧種種原因，不少夫妻結婚之後，仍有與夫家父母同住或暫住的情況。在大家頻密接觸下，母親覺得兒子對自己的關注被媳婦分薄了；又若男士在處理上拿捏不準，過分偏幫母親的話，同理，妻子也會覺得丈夫的痛惜與愛護被婆婆攤分了。

　　拍拖時，男士與母親或妻子相處的時間該比婚後的少，特別是結婚後同住，相處機會實是大幅增加，但母親與妻子反覺得他對自己的關懷減少了，又該如何解讀呢？

這當然也是一個比較的問題，婚前婆媳雙方都不知道對方從這位男士那裡獲得的關懷究竟有多少，總以為自己所得的該是那男士的大部分；婚後她們才驚覺自己所得的原來並非如此，而是被「平分」了，與婚前以為所得的比較下，自己便是受損，對方便是得利，遂嫉妒對方所得。妒忌下，愈比較便愈覺得不平，不消多久更由妒忌進駐至厭惡對方，產生巨大張力；那男士便成了她們二人的磨心，左不是，右也不能！

一個頗極端例子，有位半職媽媽，因著自己無力好好照顧她三歲的孩子，便僱用一位保姆好減輕自己照料上的壓力。不久，這位保姆與孩子便非常熟稔，不過她發現孩子慢慢對自己沒有從前般親密，孩子總愛保姆陪伴而不再是她，這本是好事，證明了這位保姆非常稱職及她能有更多時間投放在工作上；可是妒忌產生了，她把現今光景與從前的作比較，發現自己是受損而不是得利。最後她決定要糾正這情況，把保姆辭退，讓孩子哭泣，自己也重回壓力，良好的初衷換來不快的結局。

又假設，聚會中遇上了一位你兒時的同學，你發覺這位從前成績不佳、樣子呆鈍的同學，原來已是數間上市公司的大老闆時，你會有甚麼樣的感覺呢？若

大家從不認識，而現在我只知他是個大老闆，擁有巨大財富時，我會羨慕；但若我知悉他從前的出身，我可能會出現嫉妒。二者都是他與我的比較，然而出現二種不同的心理反應，皆因前者涉及的只是今天他與我表面上的比較，而後者則涉及更深一層從前與今天的比較。

羨慕下，我會走過去跟他寒喧，讚賞他的成功，請教他成功有甚麼祕訣等；但若反應是妒忌，我便覺得他的成功只靠運氣，從前窩囊的他不配成為今天的他，為甚麼上天眷顧如此的一個人，而不眷顧比他好的我呢！心懷不平，我被這個妒忌、苦毒反應把持著，不想與他傾談，我遂喪失了一個重聚、交流的機會。

羨慕帶來積極性，以對方為榜樣，成為奮鬥、學習對象，可視為發憤圖強的催化劑；相反的，眼紅帶來是破壞，不滿對方的擁有、成果，意圖去削弱它，好平息心中這不良感覺。最常見是街上簇新房車，很多時有被人用硬物刮花漂亮車身的痕跡，好一個嫉妒心態的明證。

在比較中，若不看整全大局，只看自己、只有偏見，狹隘胸懷下，自然便落入嫉妒、怨毒這些情緒反應裡。

我讀小學時成績雖然不俗，品行也多受老師讚賞，但還是十分自卑，因為當時家中貧窮，衣服鞋襪穿至破爛，父母仍然沒有能力去買新的，還記得因為害怕人家看見自己鞋底的破洞，老是不敢跑著走。小時候見人家有而自己沒有，確實是又羨慕又妒忌，帶來的便是自卑，有比人家矮了一截的感覺。

又，今次世紀疫症大流行下，香港的學生長時間需居家以網上視像上課，原來透過視像，家中境況便一一曝光，一些住劏房的可看見公屋同學有正式書桌，一些住公屋的可看到私樓同學有獨立睡房，也有住私樓的可看到富裕同學家中的豪華裝修，漂亮家俬，還有一部三角鋼琴在遠處入鏡……自己現狀與人家現狀（希冀的基準）比較下，除羨慕、妒忌外，也出現了自卑的反應，覺得不如人家，擡不起頭來，又怎能安心學習呢？

有學生網上抱怨：「寧願承受中招風險，也不想在家中上課。」[182]這樣不理性行為，說明了自卑的破壞性。

全都被這些比較效應操控了。

---

[182] 高慧然，〈公屋少年的煩惱〉，《星島日報》（卑斯版），
1/9/2020。

10.2　競爭

前面已多次提及，先有基準才能出現比較，也說過基準會隨環境、處境而改變等。

但人是一種有趣的動物，他與地球上其他動物最大分野之一，是不會滿足於現狀，總希冀明天比今天好，遂出現比較、攀比，好尋找改進的方向，希望勝過今天、別人，這樣便帶來事物的更新或改變，形成人類進步的一個途徑。

今天有高清電視機，亦越來越多人購買，因畫面著實清晰美麗，看過的沒有人不想買，負擔不起則另一回事。換上新的高清電視機，乃是比較新舊電視機影像質素的結果。自此之後，視覺基準提升了，日後若要再換電視機，便非高清不買了，這是我們所說的「回不過頭來」！這些例子其實多得很呢，你的智能手機不也是不停地更換嗎？越換越智能，這也算是人類一種進步吧！

再舉一例，管理學中有「鯰魚效應」理論。鯰魚存活率與活動能力奇高，有賣魚的便利用牠，當賣的魚瀕死時，便在魚缸裡放進一條鯰魚。缸中的魚原有活動基準是 A，鯰魚是 B，B>A 下，與鯰魚同處的魚便受激活，都變成 B 或至少>A，魚便能賣出了。

很多管理便利用這理論，於一班死氣沉沉、工作怠惰的員工中，置放一位充滿活力、態度積極的員工，成了他們的示範與刺激，比較作用下基準漸被提升，員工整體生態遂得以改善。

　　綜合來說，雙方有不同基準，便生發相互比較，比較進行下，產生反應，很多時候其中一方出現有基準需作改變的抉擇與行動。舊的基準在比較的「刺激」下，持份者便要定斷是否需有代替的新基準？如此互相不斷的比較，雙方便不斷有新的基準出現（圖9），產生了所謂的「競爭」現象。

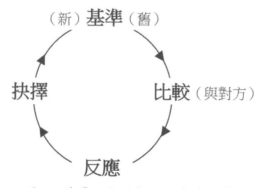

圖 9：基準不斷更新、改變的循環

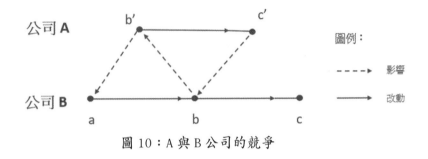

圖例：

- - - ➤ 影響

———➤ 改動

圖 10：A 與 B 公司的競爭

　　圖 10 中假設有二間公司 A 與 B，B 的生產基準為 a，A 的生產基準為 b'，a<b'。為了生存、不被取代，B 遂改以 b' 為目標，把 a 提升至 b，不久 b=b'；A 因著 B 的改進，感覺被威脅，自己亦把基準提升至 c'；B 見 A 的改動，自己的 b 還是比 c' 弱，又再把基準提升至 c，最後 c=c'……這便是一個相互競爭的過程，或許 A 與 B 最終還是不相伯仲，但兩間公司因著這競爭而同被強化，產品和生產力從此增強，二間公司都進步了，在行業中不大容易被淘汰。

　　國際間的爭競何嘗不是，今天太空科技如此發達，便是始於美蘇上世紀 60 年代冷戰的太空科技競賽，兩個陣營不斷你追我趕，你今年發射衛星，下一年我也發射衛星；你今年有人上太空，下一年我也有人上太空，如此不斷競爭下，最後全球太空事業便得

著長足進展，出現了各種功能的火箭、衛星、太空船、太空站等等。

個人進步也可作如是觀，只是競爭乃發生在個人中間而已。大陸在改革開放前，「階級鬥爭」下取消了階級，薪酬劃一，便有「做又三十六，不做又三十六」[183]的情況出現，有效比較遂失效；沒有競爭下，積極性闕如，整體當然便是一潭死水了。

個人間、公司間、行業間、地方間、國際間，因著這不斷相互的競爭，便讓整個世界得著長足進步。事實上，人類能發達至今天，競爭起著積極的作用。

不過，競爭是兩面的，比較既可以令基準提升，當然也可以令它下降，對於只看利害、不看原則是非的人，這個循環便會出現負面逆向。假設 B 與 A 二公司都相互做假，利潤比較下，B 的基準 a 獲利不及 A 的基準 b' 多（圖 10 中的 a<b'），B 為要獲取更多利潤，便會向 A 看齊，把 a 降低至 b，以致 b=b'；又 A 見 B 的做假仍可過關，他則會把自己基準從 b' 再降至 c'；如是者，B 見 A 這樣做也沒大問題，B 也再降低自己的基準至 c……最終，市場便不斷出現假雞蛋、假醬油、三聚氰胺毒奶粉等可怕、荒誕事件了，出現了醜陋、可怖的比較效應。

---

[183] 指三十六元人民幣。

第十章　比較效應

10.3　模仿、學習

　　相爭做假，緣於有利可圖，遂仿效、跟隨者眾，香港人有一句這樣的說話：「執輸行頭，慘過敗家。」便是描述這種一窩蜂不甘落後於人的羊群心態。

　　若然社會、政府不及時制止，便會出現犯罪心理學中所謂的「破窗效應」。[184]一幢房屋有一二扇玻璃窗破了，不去修整，不消多久，便會有人把這房屋其他玻璃窗打破；一面粉牆，出現一點塗鴉，不去清除，牆壁很快就會滿布亂七八糟、令人生嫌的塗鴉；一條街道擺放了一些果皮廢紙箱等雜物，不去清理，不用多久就會出現更多垃圾，因人們會視丟棄垃圾在這地方為理所當然。

　　這狀況是先有一個低基準，即圖 4 中負壓區內某一點，凡在負壓區內都會有給力、快慰的反應產生，像打破玻璃是頗有快感的，塗鴉是可表現自己的，丟棄垃圾更是帶來方便，比較下既有利而又無人追究的話，便出現一個標示著「OK」的基準，仿效的誘因便形成了，人們便從圖 4 的 X 點移向 B 點，最終整

---

[184] Baike.baidu.com/item/破窗理論/5407392

幢房屋的玻璃窗便全被打破，整面粉牆便沒有一寸不是塗鴉，及整條街道更滿是人般高的垃圾了。

近來中國大陸有不少網紅，在社交平臺上發放某休閒服裝品牌的童裝試穿自拍照，穿上小尺碼童裝，好凸顯自己的身材，不過這都是在試衣間擺拍，沒有真正購買的。因童裝衣領小，成人試穿下便被蹭上粉底液，更因強穿衣服都變了形，這些衣服最終只能以低價出售或丟棄。但該品牌店卻沒有嚴禁顧客這樣做，問題便來了，沒有不良後果下，便越來越多網紅仿效了！[185]

再舉一個例子，又是謊話不斷，人們稱他為「大嘴巴」的川普，他說大話、假話時正所謂目不轉睛、口沒遮攔，他「示範」下，便激發起人的罪性，很多人便以他為榜樣、藍本，總統這樣做也可以，且後果全無、不用負責，自己便依樣畫葫蘆，有樣學樣了；他亦看著民眾對他不加批評、譴責，且處處都是他的「粉絲」，遂變本加厲，社會上便形成了一個惡性的循環。

眼見他執政的四年期間，美國在外交、談判、貿易上，以至整個社會滿是光怪陸離的造謠、謊話、狡辯、抹黑、誣蔑、中傷等的語言暴力，短短四年間美

---

[185] 《星島日報》（卑斯版），4/3/2021。

國社會出現了對求真、公正、互相尊重等道德基準如
江河日下的比較效應。

以負壓區內的 B 點（圖 4）作為藍本、基準，當
然會是輕鬆容易的，遂有樣學樣的人便多。不過亦有
人以正壓區的 A 點為模仿的藍本、基準，他面對的
便會是艱辛與疲憊，特別它是一個前一章所說的超越
式基準，踏進的人自然稀少，因為要作出不少犧牲與
付出。[186]

讓我們看看中國首屆最美鄉村教師得獎者任影的
故事：「她患上了嚴重類風濕關節炎，身子癱瘓，手
腳變形，翻身吃飯都要靠父母，一個深夜，絕望下她
自殺了，幸好被搶救回來，其間偶然取得海倫凱勒
1903 年出版的《假如給我三天光明》譯本。

海倫與命運搏鬥的頑強意志深深感動了她，她頓
然明白：『跟盲人相比，我還有一雙眼睛，能看這個
五彩繽紛的世界；跟聾啞人（海倫並沒有啞，任影可
能弄錯了）相比，我能聽美妙的音樂，也能表達自己
的喜怒哀樂。這刻，我發現我身上有很多優點，而且
我還有健全的大腦、文化，我完全可以揚長避短，去

---

[186] 嚴格來說，它並非一個單向的付出，當持份者的理想與他人、
社會、以至世界互動時，它會給持份者可觀、甚至意想不到的
甘美回報，成為他成長與幸福的泉源。（歐偉長，《談理
想》，白象文化，台中，2018，頁 157。）

尋找一條適合我自己的路。』

　　她眼睛開了，開始見到村中父母都不在的留守兒童特別多，無人關心他們，她決定辦學管理教導他們。在學效海倫凱勒的堅強鬥志下，她遂一一克服了身體帶來堂上講授的無數困難，十多年後，她的『城關鎮希望小學』已從最初 24 個學生增至 200 多個了。」[187]

　　任影之所以能夠超越自己的限制，便是她以海倫凱勒為仿效、學習的對象，一個她用以比較的基準，她問自己：「海倫能夠做到，而我有比她更好的條件，我能做不到嗎？」這比較遂開啟了她關閉的心窗，明白哪怕是一個殘廢的人，通過不逃避、奮鬥、堅持，原來還可以在世上發光發熱！

　　任影在圖 4 中 X 點，而海倫凱勒在 A 點，A 點是任影要從 X 點奮進的基準，她也知道自己進入了正壓區，過程中得通過不少的跌倒、起來、再跌倒、再起來⋯⋯

　　她咬著牙關，面對所有的跌倒，憑著堅強意志、無比毅力，慢慢從 X 點進駐至 A 點，成為了 200 多名小孩子的祝福，亦帶給 200 多個家庭幸福與希望；

---

[187] 歐偉長，同上，頁 62。

她從放棄，走進深具意義的一刻，成為了中國最美的鄉村教師，便是因著海倫凱勒這楷模。

　　既是一條艱難的路，很多人都不願意走，故此要讓人們知曉其中的價值，才能使人認同這是該走的路，所以社會有責任去介紹、報導楷模的事蹟、言行，認可、表揚有傑出貢獻的人士，因為此等付出實需要人們背後的鼓勵與支持！同時，可使他們成為更多人學效的對象，促使社會更健康、更進步。

　　模仿就是以一個藍本作為仿效的對象，這藍本成為了最終基準，透過比較、反應、抉擇、行動，然後再比較、再反應、再抉擇、再行動，直至得出與藍本一樣的結果。這裡當然不是說像中國畫的一些臨摹那樣，要求與藍本筆筆雷同，而是像任影那樣，仿效的只是海倫與命運搏鬥的精神而已，因為每個人既都不同，不需要也不能夠「筆筆雷同」啊！

　　其實，模仿、學效就是學習的進程。人生下來，透過不停地模仿，頭腦、心志才能漸次成長、成熟，最後才能成為「自己」。父母既是子女最頻密及最初始的學效對象，子女很多時擁有強烈父母的影子便是明證，所以家庭教育，特別是父母的身教便無比重要了。

舉一個例子，內子家人全都有愛熱吃這基準，吃的東西總要熱騰騰的，甚至是燙嘴才算美妙。其實初生幼兒絕不喜愛熱的東西，這對他們來說太難受了；能把難受變為喜愛，這不都是父母的「功勞」嗎？

　　孩童漸長，需要更多的學習，學校教育的重要性便次遞增加了，很多基準的基礎性生成元素，如價值觀、喜好、性格、個人取向、知識等，除形成於家庭的學習外，學校學習更具不可取代的地位，所以優質學校便成為家長們趨之若鶩的入學基準了，今天溫哥華優劣學區的屋價差距達一倍之多便說明了一切。[188]

　　現今的社會，資訊發達，人們可通過報刊、電臺、電視、互聯網等傳播媒介獲得更多的學習。這些媒體影響著人們基準的形成，所以社會在這方面該負甚麼監察及帶領的責任，便成為社會重要的議題。

---

[188] 歐偉長，《參照系統》，明文出版社，香港，2012，頁 70。

第十章　比較效應

第十一章　結語

　　本書書名：《不要口罩，只要擁抱！》在可怕的新冠世紀疫症大流行下，這口號在集體主義的亞洲人看起來，實是匪夷所思，令人目瞪口呆！不過卻清楚說明了不同的人、不同的地域、不同的文化可有極大的差異。

　　基準相異，南轅北轍，從大世界的角度看，實是正常不過！反應不同，爭拗、衝突由此而起，亦屬自然，所以尊重、包容、妥協、改易是人們在這複雜世界中和平共存的不二法門。

　　甚麼是一幅「畫」？當然符合「畫」的基準（或叫定義也可）便是。不過繪畫是一極自由的「作為」，特別是今天，毫無界線規範可言，所以畫的基準只能說是：「放在畫框內，有簽名的一張紙。」[189]符合此基準的便是畫，空白的紙一張，簽上了名，放進畫框內便沒有人敢說這不是畫了；相反的，上面滿布文字，也有簽名，卻沒有放進畫框，只算是一件文

---

[189] 「畫框」有多種形式存在，中國畫的裝裱亦算；「紙」也包括多種材料，除紙外，有布、絹、獸皮、木板……等。

件；若文件過時，便是廢紙一張而已。環境因素對定準的重要性便明顯不過了，所以，隨著時空環境的變遷，基準——無論是個人或是公認的——需要更易便是理所當然了。

　　基準是一個複雜的綜合體，也不容易清晰地量化，組成成分實不大容易被一般人理解，特別是人文性或社會性的基準更是；故此，因著種種利益、立場的原故，此等基準極易被人利用、操控、扭曲，出現張冠李戴、加多減少、混淆是非等的欺騙手段，以達到背後目的，如此炮製出來的基準，帶出的比較，怎可能公正？這些情況的出現，在日常朋友同事間交往以至國際間的角力都極為普遍，所以，能夠洞悉對方在基準上是否玩弄手段便有實際的需要。

　　生活上，現狀通過與所訂定基準的比較，出現一些心理反應是必然的，反應有質與量二個向度。基準高於或低於現狀，可帶來質方面不同的心理反應，於正壓區與負壓區內兩者的反應便是不同質了：一方帶來的是沮喪、另一方帶來的則是歡愉；同時，亦可帶來心理反應量方面的不同，各自區域內，無論是正壓區或是負壓區，差距的幅度與出現速率均會造成不同程度的心理反應，而二者成正比，即幅度愈大及出現

速率愈高，心理反應便愈大，程度上便有輕微不快與
歇斯底里狂躁的分別。

特別留意 $0\to1$ 的放大效應，盡量避免它的發
生，因它可引致不成比例的心理反應，令事情處理上
失卻方寸，能夠代之以 $0\to\to\to\to1$ 便最好了。

要知道通過平時生活上連串的抉擇與行動，疊加
起來便是你的一生，我指的當然不是極其細碎的抉
擇，像今天晚餐要吃中菜還是西餐等，而是像選擇配
偶、學業、健康、工作、置業、生孩子、創業、移
民、理想追求……等這些人生重要關卡的抉擇，假設
每一個這樣的關卡是 X，你的一生便是
$X_1+X_2+X_3+\cdots\cdots X_n$。

每一個 X 中，基準都是主導，所以要能夠有一
個成長的生命，能達成一個有意義的人生，首先便是
要訂定正確有意義的基準了。所以你想自己有一個怎
樣的生活、怎樣的人生，便要了解這個「比較機制」
中各個環節（即程式（1）中的定準→比較→反應→
抉擇→行動）的性質、功能、條件、限制、效應、影
響等，才能獲得在精神、物質上最大、最佳的效益，
才不致在生活上白白浪費時間與精力，懵然進入了無
效率甚或失敗的人生。

說到限制，想再一次強調，物質性基準每每於目眩的燈紅酒綠下令人容易忘卻了該有精神性基準的追求，所以明白物質性基準對豐盛人生的設限是重要的，於這方面，馬斯洛三角可以提供你在人生定準上的一些啟迪。在這裡亦想介紹拙作《談理想——邁向有意義的人生》[190]，它在這方面也有所討論。

　　我們生活，遠離禍害，尋找溫飽，在在離不開比較機制的制約與操控，更因它具不易覺察的隱晦性，很多時我們受了它的影響還不曉得，所以對它有所了

---

[190] 歐偉長，《談理想——邁向有意義的人生》，白象文化，台中，2018（文字版）。

■ 繁體電子版
華藝：
airitibooks.com/Detail/Detail?PublicationID=P20181012036&DetailSourceType=2；
凌網：ebook.hyread.com.tw/bookDetail.jsp?id=161190；
PUBU：pubu.com.tw/ebook/138494；
KOBO：kobo.com/tw/zh/ebook/Xr_VxI-LejOFh0if2sIF-Q；
讀墨：readmoo.com/book/210114355000101
Google Play：tinyurl.com/ru3srcv；
UDN：reading.udn.com/v2/bookDesc.do?id=134964；
Amazon：reurl.cc/pdMW48）。

■ 簡體電子版
凌網：ebook.hyread.com.tw/bookDetail.jsp?id=211962；
PUBU：pubu.com.tw/ebook/197527；
KOBO：kobo.com/tw/zh/ebook/Gu5xIlkAAT-wmkhzr68DNw；
讀墨：readmoo.com/book/210148244000101；
Google Play：reurl.cc/Q3p6jb；
UDN：reading.udn.com/v2/bookDesc.do?id=163996

解，才能有良好的應對方法；也在這個不自覺下，錯誤、胡亂的應用亦可帶給你不必要的損失、麻煩。因為比較是抉擇、行動的前提，通過對定準、比較的了解才能作出對你最有利、最有效的行動，所以，明白何謂合宜的基準及合宜的比較便重要了。

　　一個人快樂與否，是他的現狀與希冀（基準）比較後得出的情緒反應，如何定準正確的基準便是令生活快樂還是不快樂的關鍵。快樂如阿 Q，樂天的他全無抑鬱問題，不過他的樂天卻全是幻覺，夢幻希冀不能帶來實質的價值，對生命成長全無幫助，這快樂只是虛假的快樂，那是一個不合宜的基準，也是一個不合宜的比較，毫無意義可言。你能像阿 Q 一樣憑藉「精神勝利法」，長期把自己的頭像鴕鳥般埋進沙堆裡嗎？

　　殘酷的生活現實與短暫的人生容不下任何矯情、過度的浪漫，所以要能明白基準訂定對生活中心理、生理種種關係的重要性，特別是超越式基準，才有機會成為真正快樂的人，得享「快樂的每一天」；也才有機會成為自己的主人，掌握著自己的生命，震蕩、顛簸、不幸等才不能損你分毫！

後記

今次的新冠病毒世紀大流行，嚴重影響到全球每一個人，每一個國家，每一個角落，帶來不少乏力、無奈、恐慌、悲哀、傷痛、死亡，迄今（2021年4月21日止）已知染疫人數達1億4千3百餘萬人，死亡亦超越了3百萬人，[191]見證了人類的渺小、不濟及病毒的威力、狂猛。

我們祈求情況早日受控、大流行早日結束，同時，在哀悼逝去死者之餘，我們當以謙卑的態度認真反思人類在地球上的角色，我們是否已經越過了上帝設下的底線？我們是否應尋求落實更具遠見的補救工作？

在這段疫情情緒低落期間仍能夠完成了本書，也幸運地絲毫無損，實在感恩。內子李小燕女士給我的助力不少，本書頗多的討論與心得，都是從她而來外，上了年紀的我，執筆忘字每天都在發生，有時倒

---

[191] Covid-19.nchc.org.tw/map.php

令人氣餒，所以在本書文字處理上她也付出了不少，
我得感謝她。

生活離不開比較，所以，這「比較機制」對美好
生活追求有它的特殊關鍵角色，這是本書帶給讀者的
信息，希望它在這方面能夠說得清楚明白，更希望它
對提升讀者生活的認知與素質方面有所貢獻。

這個「比較」的課題算是討論完畢，由於我的學
歷、閱歷有限，掛一漏萬、粗疏籠統實在所難免，但
願此書能成為一個起點而不是終點，讓讀者在這課題
上繼續討論、尋索、發掘，相信這課題還有很多值得
大家跟進、開發與完善的地方。

附錄一　符號一覽表

符號	解釋
<	小於
>	大於
>>	大比例地大於
=	相等於
≒	近似相等於
→ ; a→b	指向，走向；a 走至 b
0→1	高速從 0 走至 1
0→→→→1	低速從 0 走至 1
A=f（a, b）	a, b 元素組成的函數為 A
%	百分比
a-b	範圍 a 至 b
×	乘以
÷	除以
∞	無限大
＋/－	正/負

附錄二　解釋抑鬱症發病的模式：壓力與抗壓力的關係

　　30 多年前我患上了抑鬱症，當年病魔來襲，發展急促，10 天完全睡不著覺，體重在這 10 天內也下降了 20 磅，世界上一切都變得灰黑色的，像進入了一個無底黑洞，奈何沒有氣力、意志可以爬出洞口，只覺得自己一直在發霉，精神無法集中，越來越恐慌，力氣越來越少，除內子外，看見任何人都害怕……後期更出現自殺傾向，無力應對任何事情，總想著一了百了便算，負面得很。

　　幸好有一位醫生，給我藥物（Ativin，第二代抗抑鬱藥），大劑量下，令我不醒人事睡了整整三天，氣力才稍稍恢復，人也沒有那麼慌張。

　　到了今天，我還是吃著抗抑鬱藥（Celexa），不過這藥已是第三代，副作用亦減少了不少，醫生說要長期服用，因我有腦袋抗壓分泌失調的問題。

　　這 30 多年來，我領悟到一個抑鬱症生發的模式（model）。這模式的好處是簡單，可以簡化抑鬱症出現的眾多誘因，好能容易從中梳理出一些對付抑鬱

症的方法，或許不太科學，或許過分簡單，故此它該
有一定程度的局限性，不能取代醫生的忠告；但無論
如何，應用上倒不會失焦，在宏觀參照上或有一點價
值，大家也姑且聽聽吧。

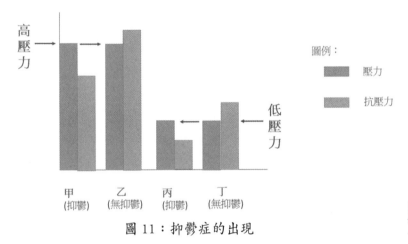

圖 11：抑鬱症的出現

圖 11 展示甲、乙、丙、丁四人壓力與抗壓力的
分布狀況，甲與乙均承受著高壓，但，甲出現抑鬱而
乙卻沒有，因為甲的抗壓力低於其承受的壓力，而乙
的抗壓力卻高於其承受的壓力；相反的，丙與丁則只
承受著低壓，丁沒有抑鬱，然而丙仍出現抑鬱，因為
丙的抗壓力低於其承受的壓力，而丁的抗壓力卻高於

其承受的壓力。即甲與丙：壓力 ＞ 抗壓力；而乙與丁：壓力 ＜ 抗壓力。

抑鬱症的出現，很多人都說是由於壓力，某程度是對的，但這模式指出抑鬱症的出現，壓力並非全部原因，更重要可能是由於抗壓力與壓力之間失去了平衡。說明了有些人哪怕是面對巨大壓力，他也未必會出現抑鬱；相反，有些人雖承受著微弱的壓力，抑鬱倒會出現。即是說壓力 ＞ 抗壓力，便會出現抑鬱，然而若壓力 ＜ 抗壓力，壓力也許極大，抑鬱倒未必會出現。應對方法便是調整抗壓力與壓力間的比重，以達至抗壓力＝壓力。

減低壓力有不少方法，如生活正常、工作要有計劃、事情要分清優次、減少不必要的應酬、充足睡眠、有效的時間管理、開放自己、遠離是非、建設良好的家庭及社交關係等，壓力來到時能夠有願意借出耳朵聆聽你心中苦惱的朋友則更妙。盡量避免現狀與基準差距巨幅及高出現速率的發生，免除產生 0→1 的效應。同時，如果你是完美主義者，你的高要求更是壓力的來源，多些學習 20/80 的方法吧。（參註腳159）

增強抗壓力也有不少方法，腦袋抗壓的分泌有血清素、多巴胺、去甲腎上線素等的神經傳遞物質，缺

乏便會令抗壓力低降，出現全無動力、集中力不足的情況，令人情緒低落、悲觀、不快樂，又因失眠、厭食，體力會迅速耗掉，最後令你一丁點壓力都無法應付。所以吃抗抑鬱藥調節分泌是快速抗壓方法，香港人叫它為「開心丸」是有其道理。

平時要多做運動，每天都做更佳，也要曬曬太陽，因運動及陽光會增加神經傳遞物質的分泌，令人精神、快樂、積極，提升意志力與抗壓力。多接觸大自然，那裡有更多的負離子、氧氣等，對身體整體機能大有幫助，不好忘記身體與腦袋分泌是分割不開的。既是腦袋的分泌，便多多小小與遺傳有著關係，所以也要留心家族的精神病史；以我為例，我的母親、外祖母都有抑鬱徵狀，正因我是先天性分泌失調，醫生便叫我長服 Celexa 了。

達到平衡，可從以下幾方面入手：

1. 大幅減低壓力：尋找壓力來源，找方法取消或遠離它，辣手問題不好獨自面對，最好找人幫忙；減少工作量，甚至辭去工作，找娛樂（令你歡愉、大笑的項目如觀看笑片等[192]）、找可信賴的朋友傾訴，可以的話則去一趟休閒式的旅行。

---

[192] 例如 Youtube 的 Mr. Bean（憨豆先生）片集。

2. 大幅增加抗壓力：服用抗抑鬱藥以調節腦袋神經傳遞物質的分泌，它幫助增強抗壓能力，恢復意志、體力，令身心愉快，消除焦慮、負面的感覺；服藥可以鎮靜神經，令自己能夠安睡，好減低體力消耗。作適度運動，叫新陳代謝正常。

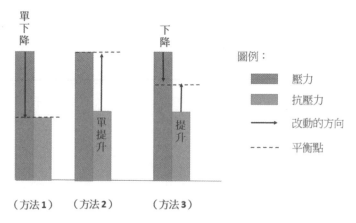

圖 12：甲與丙的解決方法

3. 1 與 2 並行：如圖 12 所示，單獨降低壓力（方法 1），或單獨提升抗壓力（方法 2），所需的力氣與時間都會較多，解決速度亦較慢；最理想便是方法 1 與 2 同時進行（即方法 3），則能事半工倍，加速進入平衡狀態，加快痊愈，減少傷害！

有關效率，我的個人感覺是方法 1<方法 2<方法 3，可能範圍內，盡量選擇方法 3。出現抑鬱病徵時，不好磋跎，要立即處理。抑鬱症不可怕，多有治療、解決的方法，最可怕的地方乃疾病晚期出現的自殺傾向，所以要儘早求醫、處理，生命寶貴啊！注意這時意志是起不了作用的。

附錄二　解釋抑鬱症發病的模式：壓力與抗壓力的關係

國家圖書館出版品預行編目資料

不要口罩，只要擁抱！（比較哲學）／歐偉長著.
--初版.--臺中市：白象文化事業有限公司，
2021.10
　　面；　公分
ISBN 978-626-7018-57-6（平裝）
1.比較心理學
174　　　　　　　　　　110013081

不要口罩，只要擁抱！（比較哲學）

作　　者　歐偉長
校　　對　歐偉長
發 行 人　張輝潭
出版發行　白象文化事業有限公司
　　　　　412台中市大里區科技路1號8樓之2（台中軟體園區）
　　　　　出版專線：（04）2496-5995　　傳真：（04）2496-9901
　　　　　401台中市東區和平街228巷44號（經銷部）
　　　　　購書專線：（04）2220-8589　　傳真：（04）2220-8505
專案主編　黃麗穎
出版編印　林榮威、陳逸儒、黃麗穎、水邊、陳婷婷、李婕
設計創意　張禮南、何佳諠
經銷推廣　李莉吟、莊博亞、劉育姍、李如玉
經紀企劃　張輝潭、徐錦淳、廖書湘、黃姿虹
營運管理　林金郎、曾千熏
印　　刷　基盛印刷工場
初版一刷　2021 年 10 月
定　　價　280 元

白象文化　印書小舖　出版・經銷・宣傳・設計
www.ElephantWhite.com.tw　PressStore出版網　自費出版的領導者　購書 白象文化生活館